# ELOGIOS A *SOBRE O FUTURO*

"Rees provavelmente não é o primeiro a advertir seriamente acerca do que nos aguarda se a complacência e o consumismo dominarem, mas sua explicação lúcida e bem fundamentada sobre as possibilidades e sua escrita inigualável colocam este manifesto acima dos outros. Um manifesto inflamado de um dos cientistas mais proeminentes do mundo. Um livro a ser lido por qualquer um no mundo que se preocupe com seu futuro."

— ***KIRKUS***, destaque da crítica

"[*Sobre o Futuro*] traz projeções de avanços tecnológicos iminentes e palavras de esperança pela capacidade humana de usar a ciência para consertar um planeta ferido e melhorar vidas. (...) Essa coletânea de ideias abrangente, porém fácil de compreender, compartilha e comunica o entusiasmo da visão 'tecno-otimista' de Rees sobre as perspectivas da humanidade."

— ***PUBLISHERS WEEKLY***

"*Sobre o Futuro* é um livro muito importante que deve ser amplamente lido e implementado. Martin Rees combina seu pensamento científico e compaixão pelo bem-estar da humanidade para tratar, com escrita clara e elegante, os maiores problemas que a humanidade enfrenta hoje, alguns dos quais sequer são considerados no momento. Concordando ou não com seus argumentos, você deve levá-los muito a sério."

— **ROGER PENROSE**, autor de *Fashion, Faith, and Fantasy in the New Physics of the Universe*

"Uma análise envolvente das questões mais importantes enfrentadas pelo mundo, com toques de perspicácia e banhada em sabedoria e humanidade."

— **STEVEN PINKER**, autor de *Enlightenme*

"Estamos rumando a um futuro utópico ou distópico? Martin Rees acredita que depende de nós. Mas o que não devemos fazer é frear a tecnologia. A ciência, se aplicada sabiamente, pode dar à humanidade um futuro brilhante, mas é preciso agir agora. Neste livro visionário, apesar de seus diversos medos, Rees adota um tom relaxante e cuidadosamente otimista."

— ***JIM AL-KHALILI,*** autor de *Paradoxo: Os Nove Maiores Desafios da Ciência*

"Uma jornada surpreendente através de avanços incríveis na ciência e tecnologia que podem tratar dos desafios mais inquietantes da sociedade. *Sobre o Futuro* é leitura obrigatória a todos os cidadãos do século XXI."

— ***MARCIA K. McNUTT,*** presidente da National Academy of Sciences

"E se pedíssemos a uma das pessoas mais inteligentes ainda vivas para calcular a probabilidade de sermos capazes de sobreviver à nossa própria capacidade autodestrutiva? Martin Rees é essa pessoa, e suas respostas foram elaboradas neste livro."

—***ALAN ALDA***

"Como disse Yogi Berra, 'é difícil fazer previsões, especialmente sobre o futuro'. Mas, neste livro inteligível e provocador, Martin Rees mostra os desafios que nós e o planeta enfrentamos — e por que os cientistas precisam envolver os cidadãos nas suas escolhas."

— ***SHIRLEY M. MALCOM,*** diretora de programas de educação e recursos humanos da American Association for the Advancement of Science

"Para todos que desejam pensar nas escolhas que teremos no futuro e nas implicações dessas escolhas, este é o livro a ser lido. Rees pensa com clareza e escreve com graciosidade, expressando seu otimismo motivador acerca do futuro, se formos capazes de superar algumas de nossas atitudes atuais que nos limitam como espécie. As projeções de Rees são alicerçadas no conhecimento científico atual, na noção de probabilidade do cientista e apresentadas com um profundo senso de humildade."

— **RUSH D. HOLT,** CEO da American Association for the Advancement of Science e ex-representante dos EUA de Nova Jersey

"*Sobre o Futuro* é um agradável afago intelectual e uma leitura obrigatória para todo o mundo — e fora dele, se alienígenas existirem. Com sabedoria e originalidade, Martin Rees, nosso mais aclamado astrônomo vivo, trata do assunto mais importante de todos — o futuro da humanidade, os avanços científicos e os riscos que eles trazem. Seus insights pessoais profundos são únicos e empolgantes e suas diversas histórias são adoráveis. Eu não consegui parar de ler."

—**ABRAHAM LOEB,** Universidade de Harvard

"Neste livro surpreendente, o sempre brilhante Martin Rees trata dos principais problemas dos dias atuais, traçando um panorama dos perigos e perspectivas da humanidade — de mudanças climáticas ao futuro da inteligência artificial, da ameaça do bioterrorismo até a chance de futuros aventureiros espaciais explorarem o universo. Rees é um dos pensadores mais esclarecidos e profundos sobre esses assuntos, e seu livro brilha com joias de conhecimento e humor."

— **J. RICHARD GOTT,** coautor de *Welcome to the Universe*

"Neste pequeno e poderoso livro, Rees batalha com a promessa excitante e as assombrosas possibilidades dos vastos avanços científicos de hoje, situando-se em algum lugar entre os tecno-otimistas e os distópicos pessimistas. *Sobre o Futuro* traz perspectivas incríveis sobre a grande expansão da ciência e nos suplica a envolver-nos para advogar em prol de políticas de longo prazo que manterão as gerações futuras em segurança. O futuro da humanidade e do planeta estão em nossas mãos."

— **RACHEL BRONSON,** presidente e CEO do *Bulletin of the Atomic Scientists*

"*Sobre o Futuro* cativará os leitores. Martin Rees é o maior de nossos pensadores esclarecidos sobre futurologia."

– ***PEDRO G. FERREIRA,*** autor de *A Teoria Perfeita: Uma Biografia da Relatividade*

"Este livro inspirador e instigante, escrito por um dos maiores cientistas e visionários do mundo é obrigatório para qualquer um que se importe com o futuro."

– ***MAX TEGMARK,*** autor de *Life 3.0: Being Human in the Age of Artificial Intelligence*

"Nosso planeta está em risco — e a humanidade precisa de altas doses de sabedoria para salvá-lo. Felizmente, um homem, Martin Rees, pode oferecê-las. Este livro é leitura obrigatória para todos que se importam com o futuro do nosso planeta."

– ***KISHORE MAHBUBANI,*** autor de *Has the West Lost It?*

"O livro de Martin Rees é uma bússola vital para nos ajudar a direcionar o futuro, uma declaração de amor fascinante ao conhecimento e à racionalidade, e um chamado a todos que ousarem esperar pelo melhor."

– ***DAVID PUTTNAM,*** produtor cinematográfico e educador

"*Sobre o Futuro,* de Martin Rees, é um modelo de esperança que traz soluções científicas, sociais e políticas práticas para evitar desastres provocados pelo homem que poderiam devastar nossa espécie."

– ***MICHAEL WILSON,*** produtor cinematográfico

# SOBRE O FUTURO

# SOBRE O FUTURO

**PERSPECTIVAS PARA A HUMANIDADE:**
QUESTÕES CRÍTICAS SOBRE **CIÊNCIA** E **TECNOLOGIA** QUE DEFINIRÃO A SUA VIDA.


MARTIN REES

PRESIDENTE DA ROYAL SOCIETY E DIRETOR DO INSTITUTO DE ASTRONOMIA DA CAMBRIDGE



ALTA CULT
EDITORA
Rio de Janeiro, 2021

**Sobre o futuro**

Copyright © 2021 da Starlin Alta Editora e Consultoria Eireli. ISBN: 978-65-5520-012-6



Impresso no Brasil — 1ª Edição, 2021 — Edição revisada conforme o Acordo Ortográfico da Língua Portuguesa de 2009.

**Produção Editorial**
Editora Alta Books

**Gerência Editorial**
Anderson Vieira

**Gerência Comercial**
Daniele Fonseca

**Produtores Editoriais**
Illysabelle Trajano
Thiê Alves

**Assistente Editorial**
Maria de Lourdes Borges

**Coordenação de Eventos**
Viviane Paiva
eventos@altabooks.com.br

**Assistente Comercial**
Filipe Amorim
vendas.corporativas@altabooks.com.br

**Editor de Aquisição**
José Rugeri
j.rugeri@altabooks.com.br

**Equipe de Marketing**
Livia Carvalho
Gabriela Carvalho
marketing@altabooks.com.br

**Equipe Editorial**
Ian Verçosa
Luana Goulart
Raquel Porto
Rodrigo Ramos
Thales Silva

**Equipe de Design**
Larissa Lima
Marcelli Ferreira
Paulo Gomes

**Equipe Comercial**
Daiana Costa
Daniel Leal
Kaique Luiz
Tairone Oliveira
Vanessa Leite

**Tradução**
Vinicius Rocha

**Copidesque**
Luciana Ferraz

**Revisão Gramatical**
Gabriella Araújo
Fernanda Lutfi

**Diagramação**
Joyce Matos

**Capa**
Marcelli Ferreira



**Dados Internacionais de Catalogação na Publicação (CIP) de acordo com ISBD**

R328s Rees, Martin

Sobre o Futuro: Perspectivas para humanidade: Questões críticas sobre ciência e tecnologia que definirão a sua vida / Martin Rees ; traduzido por Vinicius Rocha. - Rio de Janeiro : Alta Books, 2021.
256 p. ; 16cm x 23cm.

Tradução de: On the Future
Inclui índice.
ISBN: 978-65-5520-012-6

1. Futuro. 2. Ciência. 3. Avanço tecnológico. I. Rocha, Vinicius. II. Título.

2021-274 CDD 550
CDU 55

**Elaborado por Odilio Hilario Moreira Junior - CRB-8/9949**

ALTA BOOKS EDITORA

Rua Viúva Cláudio, 291 — Bairro Industrial do Jacaré
CEP: 20.970-031 — Rio de Janeiro (RJ)
Tels.: (21) 3278-8069 / 3278-8419
www.altabooks.com.br — altabooks@altabooks.com.br
www.facebook.com/altabooks — www.instagram.com/altabooks

ASSOCIAÇÃO BRASILEIRA DE DIREITOS REPROGRÁFICOS

ASSOCIADO CBL Câmara Brasileira do Livro

# SUMÁRIO

# PREFÁCIO

**ESTE É UM LIVRO SOBRE O FUTURO.** Escrevo a partir de uma perspectiva pessoal, e de três formas: como um cientista, cidadão e membro preocupado com a espécie humana. O tema unificador do livro é que a prosperidade da crescente população mundial depende da sabedoria com a qual ciência e tecnologia são implementadas.

Os jovens de hoje podem esperar viver até o fim do século. Então, como garantir que tecnologias ainda mais poderosas — biológicas, cibernéticas e IA — possam inaugurar um futuro benigno, sem a ameaça de desvantagens catastróficas? O jogo está valendo mais do que nunca; o que acontecer neste século ressoará por milhares de anos. Ao tratar de um tema tão abrangente, estou ciente de que mesmo os especialistas têm um histórico ruim de previsões. Mas não me arrependo, porque é crucial ampliar o discurso público e político sobre tendências científicas e mundiais de longo prazo.

Os temas deste livro evoluíram e foram esclarecidos por meio de palestras a diversos públicos, incluindo o *BBC Reith Lectures* de 2010, publicadas como *Para o Infinito: Horizontes da Ciência.* Por isso, sou grato pelo retorno dos ouvintes e leitores. E agradeço especialmente as opiniões (cientes ou não) de amigos e colegas com conhecimentos especializados, que não foram citados diretamente no texto. Dentre eles estão (alfabeticamente) Partha Dasgupta, Stu Feldman, Ian Golden, Demis Hassabis, Hugh Hunt, Charlie Kennel, David King, Seán Ó hÉigeartaigh, Catharine Rhodes, Richard Roberts, Eric Schidt e Julius Weitzdorfer.

Sou particularmente grato a Ingrid Gnerlich da Princeton University Press por instigar o livro e por seus conselhos enquanto o escrevia. Agradeço também a Dawn Hall pelo copidesque, a Julie Shawvan pelo índice, a Chris Ferrante pelo design textual, e a Jill Harris, Sara Henning-Stout, Alison Kalett, Debra Liese, Donna Liese, Arthur Werneck e Kimberley Williams da Press por sua eficiência em supervisionar o livro durante o processo de publicação.

# SOBRE
# O FUTURO

# INTRODUÇÃO

## UMA APARIÇÃO CÓSMICA:

Suponha que alienígenas existam, e que alguns deles tenham observado nosso planeta por todos os seus 45 milhões de séculos, o que eles teriam visto? Durante boa parte deste vasto período, a aparência da Terra se alterou muito gradativamente. Continentes vaguearam, camadas de gelo aumentaram e diminuíram; sucessivas espécies surgiram, evoluíram e foram extintas.

Mas em apenas um pequeno trecho da história da Terra — os últimos 100 séculos — os padrões de vegetação se alteraram muito mais rápido do que antes. Isso sinalizou o início da agricultura — e então a urbanização. As mudanças se intensificaram conforme as populações humanas cresciam.

E, então, houve mudanças ainda mais velozes. Em apenas 50 anos, a quantidade de dióxido de carbono na atmosfera começou a aumentar estranhamente rápido. E algo sem precedentes ocorreu: foguetes lançados da superfície do planeta saíram completamente da biosfera. Alguns direcionados a orbitar ao redor da Terra; outros viajaram à Lua e outros planetas.

Os supostos alienígenas saberiam que a Terra esquentaria gradualmente, encontrando seu fim em cerca de 6 bilhões de anos, quando o Sol entrasse em combustão e morresse. Mas eles poderiam prever essa repentina "febre" na metade de sua vida — essas alterações causadas pelos humanos — ocorrendo aparentemente muito rápido?

Se eles continuassem vigiando, o que testemunhariam no século seguinte? Um espasmo final seria seguido por silêncio? Ou a ecologia do planeta se estabilizaria? E uma rajada de foguetes lançados da Terra produziria novos oásis de vida em outro lugar?

Este livro propõe algumas expectativas, medos e conjecturas sobre o que há adiante. Sobreviver a esse século e assegurar o futuro de nosso mundo cada vez mais vulnerável no longo prazo depende de acelerar algumas tecnologias, mas restringir responsavelmente outras. Os desafios de controle são enormes e imprevisíveis. Trago uma perspectiva pessoal — escrevendo em partes como cientista (astrônomo), mas também como membro aflito da espécie humana.

* * *

Para os europeus medievais, toda a cosmologia — da criação ao apocalipse — durou apenas alguns milhares de anos. Hoje, visualizamos períodos um milhão de vezes maiores, mas mesmo nessa perspectiva vastamente estendida este século é especial. É o primeiro em que uma espécie, a nossa, é tão poderosa e dominante que possui o futuro do planeta nas mãos. Entramos em uma era que alguns geólogos chamam de Antropoceno.

Os antigos ficavam aturdidos e indefesos perante enchentes e pestes — e propensos a um pavor irracional. Grandes porções do planeta eram terras desconhecidas. O cosmo dos povos antigos era apenas o Sol e os planetas, cercados pelas estrelas fixas distribuídas pelo "firmamento do céu". Atualmente, sabemos que nosso Sol é uma das centenas de bilhões de estrelas em nossa galáxia, que é uma em meio a pelo menos outra centena de bilhões de galáxias.

Mas apesar desses horizontes conceituais incrivelmente amplos — e da melhora de nosso entendimento do mundo natural e do controle sobre ele — o prazo no qual podemos planejar ou fazer previsões confiáveis com clareza diminuiu em vez de aumentar. A Idade Média europeia foi uma época turbulenta e incerta, mas essa época ocorreu com um "pano de fundo" que mudou pouco de uma geração para a outra; os pedreiros medievais empilhavam, com devoção, tijolos em catedrais que demorariam um século até serem concluídas. Entretanto, para nós, diferente deles, o próximo século será drasticamente diferente do presente. Tem havido uma desconexão explosiva em períodos de tempo cada vez menores de mudanças sociais e técnicas e os intervalos de tempo de bilhões de anos da biologia, geologia e cosmologia.

Os humanos são hoje tão numerosos e deixaram uma "pegada" coletiva tão pesada que são capazes de transformar, ou mesmo destruir, toda a biosfera. O mundo está crescendo, e uma população mais exigente pressiona o meio ambiente; as ações das pessoas podem disparar mudanças climáticas perigosas e extinções em massa caso se atinjam "pontos de inflexão" — resultados que deixariam como herança às futuras gerações um mundo empobrecido e esgotado. Mas, para reduzir esses riscos, não precisamos refrear a tecnologia; pelo contrário, precisamos melhorar nossa compreensão da natureza e implementar tecnologias adequadas com mais urgência. Esses são os temas do capítulo 1 deste livro.

A maioria das pessoas no mundo tem vidas melhores do que a de seus pais — e a porção em miséria absoluta tem se reduzido. Essas melhorias, diante do cenário de uma população que cresce rapidamente, não poderiam ter acontecido sem avanços nas ciências e na tecnologia — que têm sido forças positivas no mundo. Defendo no capítulo 2 que nossas vidas, saúde e meio ambiente podem se beneficiar ainda mais com maiores progressos em biotecnologia, cibertecnologia, robótica e IA. Neste sentido, sou um tecno-otimista. Mas há um efeito colateral em potencial. Esses avanços colaterais expõem nosso mundo cada vez mais interconectado a novas vulnerabilidades. Mesmo durante os próximos 10 a 20 anos, a tecnologia vai interferir em padrões de trabalho, economias nacionais e relações internacionais. Em uma era onde estamos nos tornando interconectados, onde os desafortunados estão cientes de sua situação e onde é fácil migrar, fica difícil ser otimista quanto a um mundo pacífico se continuar havendo um abismo tão profundo quanto o da geopolítica atual nos níveis de bem-estar e perspectivas de vida em diferentes regiões. É especialmente preocupante se avanços em genética e medicina que possam aprimorar vidas humanas estiverem disponíveis somente para uns poucos privilegiados e prenunciem formas mais significativas de desigualdade.

Há quem apoie uma visão romântica do futuro, entusiasmando-se com melhoras em nossa sensibilidade moral bem como em nosso progresso material. Eu não compartilho dessa perspectiva. Graças à tecnologia, vem acontecendo uma melhoria evidente e bem-vinda na vida e oportunidades da maioria das pessoas — em educação, saúde e expectativa de vida. No entanto, a distância entre o que o mundo é e o que poderia ser está maior do que nunca. A vida dos povos medievais pode ter sido terrível, mas havia pouco a ser feito para melhorá-la. Em contrapartida, o sofrimento do "bilhão inferior" no mundo atual poderia ser transformado pela redistribuição da riqueza das mil pessoas mais ricas do planeta. O não atendimento a essa urgência humanitária, a qual as nações têm o poder de remediar, certamente lança dúvidas em quaisquer alegações acerca de progresso moral institucional.

O potencial da biotecnologia e do cibermundo é empolgante — mas assustador também. Já somos, individual e coletivamente, tão beneficiados por inovações crescentes que podemos — intencionalmente, ou por consequência acidental — gerar mudanças globais que ecoarão por séculos. O smartphone, a internet e seus complementos já são essenciais em nossas vidas interligadas, porém tais tecnologias pareceriam mágica há apenas 20 anos. Então, vislumbrando várias décadas adiante, devemos manter nossas mentes abertas, ou pelo menos entreabertas, para avanços transformadores que hoje possam parecer ficção científica.

Não podemos prever, com segurança, estilos de vida, comportamentos, estruturas sociais ou tamanhos populacionais, mesmo com algumas décadas de antecedência — e ainda menos o contexto geopolítico no qual essas tendências acontecerão. Além do mais, devemos estar atentos a algum tipo inédito de mudança que possa surgir em poucas décadas. Os próprios seres humanos — seu físico e mentalidade — podem se tornar maleáveis por meio da aplicação de modificações genéticas e tecnologias ciborgues. Isso é um divisor de águas. Quando admiramos a literatura e artefatos que sobreviveram desde a antiguidade, sentimos uma afinidade, através do lapso temporal de milhares de anos, com aqueles artistas antigos e suas civilizações. Mas podemos perder a confiança de que as inteligências dominantes de poucos séculos adiante terão alguma ressonância emocional conosco — embora possam ter uma compreensão algorítmica de como nos comportávamos.

O século XXI é especial por outro motivo: é o primeiro no qual humanos podem desenvolver habitats fora da Terra. Os primeiros "colonizadores" em um mundo alienígena precisarão adaptar-se a um ambiente hostil — e estarão além do alcance de reguladores terrestres. Estes aventureiros poderiam encabeçar a transição da inteligência orgânica para a eletrônica. Essa nova encarnação da "vida", que não precisa de superfície planetária ou atmosfera, poderia se alastrar para muito além de nosso sistema solar. A viagem interestelar não é um desafio para entidades eletrônicas quase imortais. Se a vida hoje é exclusiva da Terra, essa diáspora será um evento de importância cósmica. Ainda que a inteligência já permeie o cosmo, nossa prole se fundirá a ela. Isso aconteceria ao longo de períodos astronômicos — não "míseros" séculos. O capítulo 3 apresenta uma perspectiva desses cenários de prazo mais longo: se os robôs superarão a inteligência "orgânica", e se tal inteligência já existe em algum lugar no cosmo.

O que acontecerá à nossa prole, aqui na Terra ou talvez bem distante dela, depende de tecnologias que mal podemos imaginar atualmente. Em séculos futuros (ainda um instante na perspectiva cósmica), nossa inteligência criativa poderia estimular as transições de uma espécie baseada na Terra para uma espacial, e de inteligência biológica para eletrônica — transições que poderiam inaugurar bilhões de anos de evolução pós-humana. Por outro lado, conforme discutido nos capítulos 1 e 2, humanos poderiam causar catástrofes biológicas, cibernéticas ou ambientais que impediriam todas estas potencialidades. O capítulo 4 oferece algumas (talvez egoístas) incursões em temas científicos — fundamentais e filosóficos — que levantam questões sobre a extensão da realidade física e se há limites intrínsecos acerca do quanto seremos capazes de entender sobre as complexidades do mundo real. Precisamos avaliar o que é crível e o que pode ser descartado como ficção científica, a fim de prever o impacto da ciência nas perspectivas de longo prazo da humanidade.

No último capítulo trato de questões mais próximas do aqui e agora. A ciência, se bem aplicada, poderia oferecer um futuro brilhante aos 9 ou 10 bilhões de pessoas que habitarão a Terra em 2050. Mas como podemos maximizar as chances de alcançar esse futuro benigno enquanto evitamos efeitos colaterais distópicos? Nossa civilização é moldada por inovações advindas de avanços científicos e o consequente aprofundamento da compreensão da natureza. Os cientistas precisarão lidar com o público geral e usar seus conhecimentos de forma benéfica, especialmente quando o que estiver em jogo for imensamente maior. Finalmente, abordo os desafios globais de hoje — enfatizando que eles podem demandar novas instituições internacionais, informadas e amparadas por uma ciência bem direcionada, mas também sensíveis à opinião pública sobre política e ética.

Nosso planeta, esse "pontinho azul" no cosmo, é um lugar especial. Pode ser um lugar único. E somos os seus administradores em uma era particularmente crucial. Essa é uma mensagem importante para todos nós — e o tema deste livro.

# 1

# IMERSOS NO ANTROPOCENO

## 1.1 PERIGOS E PERSPECTIVAS

Há alguns anos conheci um famoso magnata da Índia. Eu tinha o título inglês de "Astrônomo Real", e ele me perguntou: "Você faz o horóscopo da rainha?" Respondi com seriedade: "Se ela quiser um, sou a pessoa a quem ela pediria." Ele pareceu ansioso para ouvir minhas previsões. Disse-lhe que as ações flutuariam, que haveria novas tensões no Oriente Médio e assim por diante. Ele prestou muita atenção a esses "insights", mas depois esclareci as coisas. Disse que era apenas um astrônomo — não um astrólogo. Ele subitamente perdeu o interesse em todas as minhas previsões. E com razão: cientistas são péssimos com previsões — quase tanto quanto economistas. Por exemplo, na década de 1950 um Astrônomo Real da época dizia que viagem espacial era "pura bobagem".

Políticos e advogados também não são muito certeiros. Um futurólogo deveras surpreendente foi F. E. Smith, Conde de Birkenhead, amigo de Churchill e do Lorde Chanceler na década de 1920. Em 1930 ele escreveu um livro chamado *The World in 2030*[1] [*O Mundo em 2030*, em tradução livre]. Ele, que havia lido os futurólogos de sua época, previu bebês incubados em frascos, carros voadores e fantasias afins. Por outro lado, previu a estagnação social. Eis uma citação: "Em 2030, as mulheres ainda vão, com seu intelecto e charme, inspirar os homens mais capazes a patamares que eles jamais conseguiriam atingir sozinhos."

Isso é suficiente!

* * *

Em 2003, escrevi um livro que intitulei *Our Final Century?* [*Nosso último século*, em tradução livre]. *Meu editor britânico deletou a interrogação.* Os editores americanos trocaram o título para *Hora Final.*[2] Meu tema era o seguinte: Nosso planeta tem 45 milhões de anos de idade, mas este século é o primeiro no qual uma espécie — a nossa — pode determinar o destino da biosfera. Não creio que vamos nos extinguir, porém acho que precisaríamos de muita sorte para evitar colapsos devastadores. Isso por conta da pressão nos ecossistemas; existem mais de nós (a população mundial é maior) e estamos todos exigindo mais recursos. E — mais assustador ainda — a tecnologia nos deixa cada vez mais poderosos, e, assim, nos expõe a novas vulnerabilidades.

Fui inspirado por um, dentre tantos, grande sábio do começo do século XX. Em 1902 o jovem H. G. Wells fez uma aclamada palestra no Instituto Real de Londres.[3] "A humanidade", proclamou,

> "percorreu um caminho, e a distância que viajamos nos deu conhecimento do caminho que precisamos trilhar... É possível crer que todo o passado nada mais é que o começo de um começo, e que tudo o que existe e já existiu é apenas o crepúsculo da alvorada. É possível acreditar que tudo o que a mente humana já conquistou é um mero sonho antes do despertar; nossas futuras gerações terão mentes que entrarão em contato conosco em nossa pequenez para nos conhecer melhor do que conhecemos a nós mesmos. Chegará o dia, um dia na infindável sucessão de dias, no qual seres, que hoje são latentes em nossos pensamentos e ocultos em nossas carnes, andarão sobre esta terra como alguém em cima de um banquinho, e hão de rir e tocar as estrelas com suas mãos."

Seu discurso visionário ainda ecoa mais de cem anos depois — ele percebeu que os humanos não são o ápice da vida emergente.

Mas Wells não era um otimista. Ele também destacou o risco de desastres globais:

> É impossível mostrar por que certas coisas não devem destruir e encerrar a história humana... e fazer com que nossos esforços sejam inúteis... algo do espaço, ou pestes, ou alguma grande doença atmosférica, algum cometa que deixe resquícios venenosos, alguma emissão de vapores do interior da Terra, novos animais que nos caçarão, alguma droga ou uma insanidade devastadora na mente humana.

Citei Wells porque ele reflete o misto de otimismo e ansiedade — e de especulação e ciência — que tento transmitir neste livro. Se ele estivesse escrevendo hoje, ficaria exaltado por nossa visão expandida sobre a vida e o cosmo, mas ficaria ainda mais ansioso acerca dos perigos que enfrentamos. Os riscos são de fato cada vez maiores; a nova ciência traz grandes oportunidades, mas suas consequências podem ameaçar nossa sobrevivência. Muitos se preocupam que estejam "deslanchando" tão rápido que nem os políticos nem o público leigo consigam assimilar ou lidar com isso.

* * *

Você pode achar que, por ser astrônomo, a preocupação acerca de colisões de asteroides tira o meu sono à noite. Nem tanto. Na verdade, essa é uma das poucas ameaças que podemos quantificar — e ter confiança de que seja improvável. Mais ou menos a cada 10 milhões de anos, um corpo com alguns quilômetros de extensão atinge a Terra, causando catástrofes globais — então há poucas chances em um milhão de que tal impacto ocorra durante a existência da humanidade. Há quantidades maiores de asteroides menores que poderiam causar devastação em escala local ou regional. O evento de Tunguska em 1908, que arrasou centenas de quilômetros quadrados de florestas (felizmente desabitadas) da Sibéria, liberou energia equivalente a centenas de bombas de Hiroshima.

Podemos ser alertados sobre essas quedas? A resposta é sim. Existem planos para criar um conjunto de dados de um milhão de asteroides com mais de 50 metros de extensão que poderiam passar pela Terra e rastrear suas órbitas com precisão suficiente para identificar aqueles que chegariam perigosamente perto. Como alerta de um impacto, as áreas mais vulneráveis poderiam ser evacuadas. Outra ótima notícia é a viabilidade de desenvolver veículos espaciais que poderiam nos proteger. Um "empurrão" ocorrido no espaço anos antes da ameaça de impacto, precisaria apenas alterar a velocidade de um asteroide em poucos centímetros por segundo para desviá-lo da rota de colisão com a Terra.

Se você calcular o seguro pago por uma companhia do jeito tradicional, multiplicando as probabilidades pelas consequências, notará que vale a pena gastar algumas centenas de milhões de dólares por ano para reduzir o risco causado por asteroides.

Outras ameaças da natureza — terremotos e vulcões — são menos previsíveis. Até agora não há uma forma plausível de preveni-los (ou mesmo de prevê-los com confiança). Mas há uma coisa reconfortante sobre esses eventos, assim como no caso dos asteroides: sua quantidade não está aumentando. Eles acontecem conosco na mesma quantidade da época dos Neandertais — ou até mesmo dos dinossauros. Mas as consequências desses eventos dependem da vulnerabilidade e do valor da infraestrutura em risco, que é muito maior no mundo urbanizado de hoje. Há, além disso, fenômenos cósmicos aos quais os Neandertais (e também a todos os humanos anteriores ao século XIX) seriam alheios como: tempestades solares. Elas provocam distúrbios magnéticos que podem prejudicar redes elétricas e de comunicação eletrônica no mundo inteiro.

Apesar dessas ameaças naturais, os perigos que devem nos preocupar mais são aqueles que os próprios seres humanos podem causar. Eles hoje são muito mais amplos e estão se tornando mais prováveis e potencialmente mais catastróficos a cada década que passa.

Já tivemos a sorte de escapar de um.

## 1.2 AMEAÇAS NUCLEARES

Durante a Guerra Fria — quando a corrida armamentista atingiu níveis absurdos — as superpotências poderiam ter caído no Armagedom por conta de alguma confusão ou erro de cálculo. Era a época dos "abrigos nucleares". Durante a crise dos mísseis de Cuba, eu e meus colegas de classe participamos de vigílias e demonstrações — nosso humor só era apaziguado pelas "músicas de protesto", como a escrita por Tom Lehrer: "Partiremos todos juntos quando chegar a hora, banhados por um brilho incandescente." Mas estaríamos ainda mais assustados se soubéssemos de verdade o quão próximos estávamos de uma catástrofe. O presidente Kennedy foi citado supostamente dizendo que as chances estavam "perto de uma em três, ou meio a meio". E só muito depois de seu mandato que Robert McNamara declarou com franqueza que "escapamos por um fio de uma guerra nuclear e nem percebemos. E não foi graças a nós — Khrushchov e Kennedy foram tão sortudos quando sábios".

Agora sabemos mais detalhes de um dos momentos mais tensos. Vasili Arkhipov, um oficial altamente respeitado e condecorado da marinha russa, estava servindo como segundo encarregado de um submarino carregando mísseis nucleares. Quando os Estados Unidos atacaram o submarino com cargas de profundidade, o capitão presumiu que a guerra havia estourado e queria que a tripulação lançasse os mísseis. O protocolo exigia que os três oficiais de maior patente a bordo concordassem. Arkhipov se opôs a essa ação — e assim evitou iniciar uma troca nuclear que poderia ter se agravado catastroficamente.

Avaliações pós-Cuba sugerem que o risco anual de destruição termonuclear durante a Guerra Fria era cerca de dez vezes maior do que os índices de mortes causadas por um impacto de asteroide. E, de fato, houve outros "quase erros" quando catástrofes foram evitadas somente por um fio. Em 1983, Stanislav Petrov, um oficial da Força Aérea Russa, estava monitorando uma tela quando um "alerta" indicou que cinco mísseis intercontinentais balísticos Minuteman foram lançados pelos Estados Unidos rumo à União Soviética. A ordem de Petrov, caso isso acontecesse, era alertar seu superior (que poderia, em questão de minutos, acionar retaliação nuclear). Ele decidiu, apenas por mero palpite, ignorar o que ele vira na tela, presumindo ser um defeito no sistema de alerta. E assim foi; o sistema confundiu o reflexo dos raios do Sol da parte superior das nuvens com um lançamento de míssil.

Muitos agora afirmam que a dissuasão nuclear funcionou. De certo modo, funcionou mesmo. Mas isso não quer dizer que era uma política inteligente. Se você jogar roleta russa com uma ou duas balas no tambor, é mais provável que sobreviva, mas teria que ser uma aposta incrivelmente boa — senão o valor que você dá à sua vida seria extremamente baixo — para que fosse uma aposta inteligente. Fomos coagidos a fazer tal aposta durante os tempos da Guerra Fria. Seria interessante saber a que nível de riscos outros líderes pensaram estar nos expondo, e quais as chances de a maioria dos cidadãos europeus os aceitarem, se lhes fosse pedido consentimento. Da minha parte, eu não teria aceito uma chance de um em três — ou mesmo de um em seis — de causar uma catástrofe que mataria centenas de milhões e fragmentaria o tecido histórico de todas as cidades europeias, mesmo que a alternativa a isso fosse certa dominação soviética na Europa Ocidental. E, naturalmente, as consequências devastadoras de uma guerra termonuclear se espalhariam muito além dos países que sofriam ameaças diretas, especialmente se ocorresse um "inverno nuclear".

A aniquilação nuclear ainda é uma ameaça que paira sobre nós: o único consolo é que, graças aos esforços de controle bélico entre as superpotências, há 5 vezes menos armamentos do que durante a Guerra Fria — Rússia e Estados Unidos têm cerca de 7 mil cada um — e menos ainda estão no alerta de "por um fio". No entanto, há agora nove potências nucleares e uma chance mais alta do que antes de que pequenos arsenais nucleares sejam usados regionalmente, ou mesmo por terroristas. Além do mais, não podemos descartar, ainda neste século, um realinhamento geopolítico que culmine em um impasse entre novas superpotências. Uma nova geração pode enfrentar sua própria "Cuba" — que poderia ser tratada de forma menos adequada (ou com menos sorte) do que a da crise de 1962. Uma ameaça nuclear quase existente está apenas em suspensão.

O capítulo 2 tratará das ciências do século XXI — biologia, cibernética e IA — e o que elas podem prever. Seu uso indevido é um risco crescente e iminente. As técnicas e conhecimentos para ataques biológicos ou cibernéticos serão acessíveis para milhões — eles não exigem grandes instalações dedicadas como no caso das armas nucleares. Esforços de sabotagem cibernética como "Stuxnet" (que destruiu as centrífugas usadas no programa iraniano de armas nucleares), e invasões de hackers frequentes em instituições financeiras, já elevaram estas preocupações na pauta política. Um relatório feito pelo Conselho de Ciências do Pentágono alegou que o impacto de ataques cibernéticos (derrubando, por exemplo, a rede elétrica dos EUA) poderia ser catastrófico o suficiente para justificar uma resposta nuclear.[4]

Mas antes disso vamos focar a potencial devastação que poderia ser provocada pela degradação ambiental induzida pelo homem, e por mudanças climáticas. Essas ameaças interligadas são insidiosas e de longo prazo. Elas emanam da mais profunda e coletiva "pegada" da humanidade. A menos que as gerações futuras caminhem mais devagar (ou que os níveis populacionais diminuam) a ecologia finita do nosso planeta será explorada além dos limites sustentáveis.

## 1.3 AMEAÇAS ECOLÓGICAS E LIMITES

Cinquenta anos atrás, a população mundial era de cerca de 3.5 bilhões de pessoas. Estima-se que agora seja de 7.6 bilhões. Mas o crescimento está diminuindo. Na verdade, o número de nascimentos por ano, no mundo todo, atingiu um pico há poucos anos e agora está diminuindo. Mesmo assim, a previsão é que a população mundial cresça até cerca de 9 bilhões, ou mais, em 2050.[5] Isso porque a maioria das pessoas nos países em desenvolvimento ainda são jovens e não tiveram filhos, e porque viverão por mais tempo; o histograma de idade dos países em desenvolvimento será mais parecido com o europeu. Atualmente, o maior crescimento é o da Ásia Oriental, onde os recursos humanos e financeiros do mundo ficarão concentrados — acabando com quatro séculos de hegemonia do Norte do Atlântico.

Demógrafos preveem urbanização contínua, com 70% do povo morando em cidades em 2050. Mesmo em 2030, Lagos, São Paulo e Déli terão populações superiores a 30 milhões. Evitar que megacidades se tornem distopias turbulentas será um grande desafio para os governos.

O crescimento populacional atualmente é menos discutido do que deveria. Isso pode acontecer, em parte, por conta das previsões apocalípticas de fome em massa – por exemplo, o livro de 1968 *The Population Bomb* [*A Bomba Populacional*, em tradução livre], escrito por Paul Ehrlich, e os pronunciamentos do Clube de Roma — já foram refutados. Além disso, alguns alegam que falar de crescimento populacional é um tabu — contaminado pela associação com eugenia nas décadas de 1920 e 1930, com as políticas indianas de Indira Gandhi e mais recentemente na rígida política de um filho por casal na

China. No fim das contas, a produção de alimentos e a extração de recursos mantiveram-se no ritmo da população crescente; ainda há incidentes sobre fome, mas que acontecem devido a conflitos ou má distribuição, não escassez generalizada.[6]

Não é possível definir uma "população ideal" para o mundo porque não podemos imaginar com certeza quais serão os estilos de vida, dietas, padrões de viagem e necessidades energéticas das pessoas depois de 2050. O mundo mal poderia sustentar algo próximo de sua população atual se todos vivessem esbanjando — cada um usando a mesma quantidade de energia ou comendo a mesma quantidade de carne — tanto quanto os norte-americanos fazem hoje. Por outro lado, 20 bilhões poderiam viver de forma sustentável, com uma tolerável (embora ascética) qualidade de vida, se todos adotassem uma dieta vegetariana, viajassem pouco, morassem em apartamentos menores e interagissem por meio de superinternet e realidade virtual. O segundo cenário é claramente improvável, e certamente não é atraente. Mas o espaço entre os dois extremos mostra o quanto é ingênuo estipular um número para encabeçar a "capacidade de carga" do mundo.

Um mundo com 9 bilhões de pessoas, número que pode ser atingido (talvez até excedido) em 2050, não precisa ser anunciado como catástrofe. A agricultura moderna — plantio direto, conservação de água e talvez envolvendo safras geneticamente modificadas (GM), junto à engenharia voltada a reduzir desperdício, melhorar irrigação e daí em diante — poderia plausivelmente alimentar esse número. A frase de efeito aqui é "intensificação sustentável". Mas haverá restrições quanto à energia — e em algumas regiões haverá pressão severa sobre suprimentos de água. Os números estimados são consideráveis. Produzir 1 quilo de trigo requer 1.500 litros de água e muitos megajoules de energia. Mas 1 quilo de carne bovina requer 10 vezes mais água e 20 vezes mais energia. A produção de alimentos usa 30% da produção energética mundial e 70% do consumo de água.

Técnicas agrícolas usando organismos GM podem ser benéficas. Em um exemplo específico, a Organização Mundial de Saúde (OMS) estima que 40% das crianças abaixo dos 5 anos de idade em países em desenvolvimento sofrem de deficiência de vitamina A; essa é a maior causa de cegueira infantil ao redor do mundo, afetando centenas de milhares de crianças anualmente. O chamado arroz dourado, desenvolvido inicialmente na década de 1990 e depois melhorado, possui betacaroteno, o precursor da vitamina A, e alivia sua deficiência. Infelizmente, organizações em campanha, especialmente o Greenpeace, impediram o cultivo de arroz dourado. Claro que há a preocupação de "adulterar a natureza", mas, nesse caso, novas técnicas poderiam ter melhorado a "intensificação sustentável". Além do mais, espera-se que uma modificação mais drástica no genoma do arroz (o assim chamado caminho C4) poderia melhorar a eficiência da fotossíntese, aumentando a velocidade e o crescimento intensivo do cultivo básico número 1 do mundo.

Duas possíveis inovações dietéticas não enfrentam uma barreira técnica: converter insetos — altamente nutritivos e ricos em proteínas — em comida palatável; e produzir carne artificial advinda de proteína vegetal. Quanto ao segundo, hambúrgueres de "carne" (feitos basicamente de trigo, coco e batata) são vendidos desde 2015 por uma empresa californiana chamada Impossible Foods. Porém, ainda levará algum tempo até que esses hambúrgueres satisfaçam os apetites carnívoros que não acreditam que suco de beterraba seja um bom substituto para sangue. Mas bioquímicos estão trabalhando nisso, explorando técnicas mais sofisticadas. A princípio, é possível "cultivar" carne pegando algumas células de um animal e estimulando o crescimento com os nutrientes adequados. Outro método, chamado de agricultura acelular, usa bactérias geneticamente modificadas, leveduras, fungos ou algas para produzir as proteínas e gorduras encontradas em (por exemplo) ovos e leite. Há um incentivo financeiro claro e também um imperativo ecológico para se desenvolver substitutos aceitáveis para carne, então é possível ser otimista acerca de um progresso rápido.

Podemos ser otimistas tecnológicos no que tange alimentos — e também saúde e educação. Mas é difícil não ser pessimista quanto à política. Melhorar as perspectivas de vida das pessoas mais pobres do mundo fornecendo nutrição adequada, educação primária e outras necessidades básicas são metas alcançáveis no presente momento; os impedimentos são principalmente políticos.

Se os benefícios das inovações fossem aplicados mundialmente, não haveria necessidade de mudar o estilo de vida de nenhum de nós. Mas não precisam indicar dificuldades. Na verdade, todos poderão, em 2050, ter uma qualidade de vida pelo menos tão boa quanto a que os ocidentais perdulários têm hoje — desde que a tecnologia seja desenvolvida adequadamente e implementada com sabedoria. Gandhi proclamava o mantra: “Há o suficiente para as necessidades de todos, mas não para a ganância de todos.” Este não precisa ser um chamado à austeridade; conclama, porém, o crescimento econômico conduzido por inovações que poupem recursos naturais e energia.

A frase “desenvolvimento sustentável” ganhou espaço em 1987, quando a Comissão Mundial de Ambiente e Desenvolvimento, presidida por Gro Harlem Brundtland, primeiro-ministro da Noruega, a definia como "desenvolvimento que atende às necessidades do presente — especialmente dos pobres — sem comprometer a habilidade de as gerações futuras suprirem suas próprias necessidades".[7] Certo que todos queremos "nos inscrever" para alcançar essa meta na esperança de que em 2050 haja um abismo menor entre o estilo de vida desfrutado pelas sociedades privilegiadas e o disponível para o resto do mundo. Isso não acontecerá se os países em desenvolvimento imitarem o caminho de industrialização seguido pela Europa e América do Norte. Esses países precisam saltar diretamente rumo a um estilo de vida mais eficiente e com menos desperdício. A meta não é antitecnológica. Será preciso mais tecnologia, porém utilizada adequadamente, para que embase a inovação necessária. As nações mais desenvolvidas também devem fazer essa transição.

A tecnologia da informação (TI) e as mídias sociais hoje têm alcance global. Fazendeiros do interior da África podem acessar informações do mercado que evitam que sejam enganados por comerciantes, e também lhes permite transferir fundos eletronicamente. Mas essas mesmas tecnologias podem mostrar para quem está nas partes pobres do mundo o que estão perdendo. Essa consciência vai causar um descontentamento maior, motivando migrações em massa ou conflitos, se esses contrastes forem vistos como excessivos ou injustos. Não é apenas um imperativo moral, mas também uma questão de interesse próprio, as nações afortunadas promoverem mais igualdade — por meio de auxílio financeiro direto (e cessando a atual extração predatória de matéria-prima) e também investindo em infraestrutura e produção, em países em que há refugiados desabrigados, para que os desprovidos sejam menos pressionados a migrar em busca de trabalho. Ainda assim, metas de longo prazo tendem a ficar no fim da lista em agendas políticas, atropeladas por problemas imediatos — e foco na próxima eleição. O presidente da Comissão Europeia, Jean-Claude Juncker, disse: "Todos nós sabemos o que deve ser feito; só não sabemos como nos reeleger depois de fazê-lo."[8] Ele estava se referindo às crises financeiras, mas sua fala é ainda mais adequada para desafios ambientais (e tem sido comprovada agora com a implementação desmotivadoramente lenta das Metas de Desenvolvimento Sustentável da ONU).

Há um abismo deprimente entre o que poderia ser feito e o que acontece na realidade. Oferecer mais auxílio não é suficiente. É necessário haver estabilidade, boa governança e infraestrutura eficazes para que esses benefícios sejam assimilados pelos países em desenvolvimento. O magnata sudanês Mo Ibrahim, cuja empresa disseminou o uso de telefones celulares na África, em 2007 estipulou um prêmio de 5 milhões de dólares ao longo de 10 anos (mais 200 mil dólares por ano, depois disso) para reconhecer líderes exemplares e incorruptíveis de países africanos — e o Prêmio Ibrahim de Realizações de Lideranças Africanas já foi concedido 5 vezes.

As ações relevantes não são necessariamente melhor aplicadas no nível nação-estado. Algumas obviamente precisam de cooperação multinacional, mas muitas reformas efetivas precisam de implementação mais local. Há grandes oportunidades para que cidades esclarecidas se tornem pioneiras, conduzindo inovações de alta tecnologia que serão necessárias nas megacidades de países em desenvolvimento, onde os desafios são particularmente intimidadores.

Concentrar-se no curto prazo não é só um aspecto da política eleitoreira. Investidores privados também não enxergam um horizonte suficientemente vasto. Empreiteiras não construirão um novo prédio de escritórios a menos que tenham retorno dentro de (digamos) 30 anos. De fato, a maioria dos prédios altos nas cidades têm "validade prevista" de apenas 50 anos (um consolo para aqueles que lamentam seu domínio no horizonte). Possíveis benefícios e malefícios além desse horizonte de tempo são dispensados.

E quanto ao futuro distante? As tendências populacionais depois de 2050 são mais difíceis de prever. Elas dependerão do que os jovens de hoje, e que ainda nem nasceram, vão decidir sobre o número e intervalo de tempo entre seus filhos. Uma melhor educação e o empoderamento feminino — de fato prioridades por si só — poderiam reduzir as taxas de fertilidade onde elas hoje são mais altas. Mas essa transição demográfica ainda não chegou a partes da Índia nem na África subsaariana.

O número médio de nascimentos por mulher em algumas partes da África — Níger, ou Etiópia rural, por exemplo — ainda é maior que sete. Embora a fertilidade provavelmente diminua, é possível, de acordo com a ONU, que a população da África possa dobrar novamente, chegando a 4 bilhões entre 2050 e 2100, elevando assim a população global para 11 bilhões. Apenas a Nigéria teria uma população tão grande quanto a Europa e a América do Norte juntas, e quase metade das crianças do mundo estaria na África.

Otimistas nos lembram que cada boca a mais traz também duas mãos e um cérebro. Independentemente disso, quanto maior uma população se torna, maior a pressão sobre os recursos, especialmente se os países em desenvolvimento reduzirem o abismo entre eles e os países desenvolvidos em seu consumo per capita. E assim será mais difícil para a África escapar da "armadilha da pobreza". De fato, algumas pessoas devem ter notado que preferências culturais africanas podem levar à manutenção de famílias grandes por opção mesmo quando a taxa de mortalidade infantil for baixa. Se isso acontecesse, a liberdade de escolher o tamanho da sua família, proclamada como um dos direitos fundamentais da ONU, poderia ser questionada quando da avaliação das externalidades negativas do crescimento da população mundial.

Precisamos ter esperança de que a população global diminua em vez de crescer depois de 2050. Embora 9 bilhões de pessoas possam ser alimentadas (com boa administração e agronegócios eficientes), e mesmo que a produção de bens de consumo se torne mais barata (por meio de impressão 3D, por exemplo) e a "energia limpa" seja abundante, as escolhas alimentares serão restritas e a qualidade de vida será reduzida por superlotação e redução de áreas verdes.

## 1.4 RESPEITANDO OS LIMITES PLANETÁRIOS

Estamos mergulhados no Antropoceno. Esse termo foi popularizado por Paul Crutzen, um dos cientistas que determinou que o ozônio da alta atmosfera estava sendo desgastado pela emissão de CFC — compostos usados em latas de aerossol e geladeiras. O Protocolo de Montreal de 1987 proibiu esses compostos. Esse acordo parecia um precedente encorajador, mas funcionou porque haviam substitutos para os CFC que poderiam ser implementados sem grandes custos econômicos. Infelizmente, não é tão fácil lidar com outras mudanças antropogênicas mundiais (mais importantes) que são consequência do crescimento populacional, mudanças que demandam mais alimento, energia e outros recursos. Todas essas questões são amplamente discutidas. O triste é a inércia — para os políticos, o imediato supera o longo prazo; o paroquial supera o global. Precisamos questionar se as nações precisam conceder mais soberania a novas organizações por meio de agências existentes sob tutela da Organização das Nações Unidas.

As pressões causadas pelo crescimento populacional e pelas mudanças climáticas gerarão perda de biodiversidade — um efeito que seria agravado caso o adicional de terra necessário para a produção de alimentos ou biocombustíveis invadisse florestas naturais. Mudanças climáticas e alterações no uso de terra podem juntos induzir "pontos críticos" que amplificam uns aos outros e causam mudanças rápidas e potencialmente irreversíveis. Se o impacto ambiental coletivo da humanidade pressionar demais o que o ambientalista de Estocolmo, Johan Rockström, chama de "Fronteiras Planetárias",[9] o "choque ecológico" resultante poderia empobrecer nossa biosfera de maneira irreversível.

Por que isso é tão importante? Seremos prejudicados se as populações de peixes minguarem à extinção. Há plantas nas florestas tropicais que podem ser úteis para fins medicinais. Mas há um valor espiritual também, além dos benefícios práticos de uma biosfera diversa. Nas palavras do consagrado ecologista E. O. Wilson:

> No cerne da cosmovisão ambientalista está a convicção de que a saúde física e espiritual do ser humano depende do planeta Terra... Ecossistemas naturais — florestas, recifes de coral, fundo do mar — mantêm o mundo como gostaríamos que fosse. Nossos corpos e mentes evoluíram para viver nesse ambiente planetário específico, e em nenhum outro.[10]

As taxas de extinção estão subindo — estamos destruindo o livro da vida antes de lê-lo. Por exemplo, as populações de mamíferos "carismáticos" foram reduzidas, em alguns casos a níveis que ameaçam espécies. Muitas das 6 mil espécies de sapos, rãs e salamandras são especialmente sensíveis. E, para citar E. O. Wilson novamente, "se as ações humanas levarem a extinções massivas, será o pecado pelo qual nossas futuras gerações menos nos perdoarão".

Aqui, incidentemente, as grandes fés religiosas podem ser nossas aliadas. Pertenço ao conselho da Pontifícia Academia de Ciência (um corpo ecumênico; cujos 70 membros representam todas ou nenhuma fé). Em 2014, o economista de Cambridge Partha Dasgupta, junto a Ram Ramanathan, um climatologista do Instituto Scripps, na Califórnia, organizou uma conferência de alto nível sobre clima e sustentabilidade no Vaticano.[11] Isso trouxe um ímpeto científico pontual na encíclica papal de 2015 "Laudato Si". A Igreja Católica transcende divisões políticas; não há como mensurar seu alcance global, sua durabilidade e visão de longo prazo ou seu foco na pobreza mundial. O papa foi aplaudido de pé pela ONU. Sua mensagem repercutiu especialmente na América Latina, África e Ásia Oriental.

A encíclica também trouxe o nítido apoio papal à visão franciscana de que os humanos têm o dever de cuidar de tudo aquilo que os católicos chamam de "Criação Divina" — que o mundo natural tem direito a ser valorizado, muito além de seu benefício aos humanos. Essa atitude condiz com os sentimentos lindamente expressos há mais de um século por Alfred Russel Wallace, cocriador do conceito de evolução por seleção natural:

> Pensei nas longas eras do passado, durante as quais sucessivas gerações dessas coisas belas seguiram seu

> curso... sem sabedoria para apreciar sua graciosidade, um aparente desperdício gratuito de beleza... Esta análise deve certamente nos contar que nenhuma das coisas vivas foi feita para o homem... Suas alegrias e felicidades, seus amores e ódios, suas lutas pela sobrevivência, suas vidas vigorosas e mortes prematuras, tudo seria imediatamente relacionado somente a seu próprio bem-estar e perpetuação.[12]

A encíclica papal pavimentou o caminho para o acordo na Conferência Climática de Paris, em dezembro de 2015. Anunciando eloquentemente que nossa responsabilidade — com as crianças, os mais pobres e com nosso serviço pela diversidade de vida — exige que não deixemos um mundo empobrecido e problemático.

Sem dúvida, todos compartilhamos desses sentimentos. Mas nossas instituições seculares — econômicas e políticas — não planejam com antecedência suficiente. Nos capítulos finais retornarei à questão dos desafios assustadores que estas ameaças impõem à ciência e aos governos. Legislações podem ajudar, mas não avançarão a menos que a mentalidade pública mude. Posturas ocidentais acerca de, por exemplo, fumar ou dirigir alcoolizado, mudaram drasticamente nas últimas décadas. Precisamos de uma mudança de postura similar de modo que o consumo e o desperdício nitidamente excessivos de materiais e energia — utilitários 4x4 (chamados de tratores de Chelsea em Londres, onde entopem as ruas em distritos comerciais), aquecedores externos, casas superiluminadas, embalagens plásticas sofisticadas, acompanhamento servil de modismos e afins — comecem a ser notados como "cafonas" em vez de estilosos. Na verdade, pode ocorrer uma tendência distante do consumo excessivo sem pressões externas. Para a minha geração, nossa moradia (um quarto de estudante e depois algo mais espaçoso) era "personalizado" com livros, discos e retratos. Agora que livros e músicas podem ser acessados online, talvez tratemos nosso "lar" com menos sentimentalismo. Nos tornaremos nômades — especialmente conforme mais trabalho e socialização podem ser feitos online. O consumismo poderia ser substituído por uma "economia compartilhada". Se esse cenário se concretizar, será essencial que as nações em desenvolvimento migrem diretamente rumo a esse estilo de vida, contornando o estágio de alto consumo e alta energia pelo qual a Europa e os Estados Unidos passaram.

Campanhas eficientes precisam ser associadas a uma logo memorável. A série de TV de 2017 da BBC, *Planeta Azul II* mostrava um albatroz retornando depois de vagar milhares de quilômetros recolhendo alimento nos oceanos do sul — e em vez de regurgitar para seus filhotes o peixe, nutritivo e necessário, lhes deu pedaços de plástico. Tal imagem divulga e motiva a causa da reciclagem de plásticos, que de outra forma se acumula nos oceanos (e nas cadeias alimentares das criaturas que lá habitam). Da mesma forma, a antiga imagem icônica (embora deveras enganosa) de um urso polar segurando-se em um bloco de gelo derretendo é símbolo da crise de mudança climática — meu próximo assunto.

## 1.5 MUDANÇAS CLIMÁTICAS

O mundo ficará mais lotado de pessoas. E há uma segunda previsão: também ficará mais quente. Sobrecargas nos suprimentos alimentares, e sobre toda a biosfera, serão agravadas pelas consequentes mudanças nos padrões climáticos globais. Mudanças climáticas exemplificam a tensão entre ciência, público e políticos. Diferente dos problemas populacionais, ela certamente não é menos discutida do que deveria — apesar de o governo Trump em 2017 nos Estados Unidos ter excluído os termos "aquecimento global" e "mudança climática" de documentos públicos. Mas a atuação ante as implicações das mudanças climáticas é vergonhosamente pouca.

Uma coisa não é controversa. A concentração de $CO_2$ no ar está aumentando, principalmente devido à queima de combustíveis fósseis. O cientista Charles Keeling mediu os níveis de $CO_2$ no Observatório de Mauna Loa, no

Havaí, que utiliza um instrumento que opera continuamente desde 1958 (após a morte de Keeling em 2005, o programa está sendo continuado por seu filho, Ralph). E é indiscutível que esse aumento leva a um "efeito estufa". A luz solar que aquece a Terra é reemitida como radiação infravermelha, mas, assim como o vidro de uma estufa retém a radiação infravermelha (embora permita a entrada de luz), o $CO_2$ também age como um cobertor que retém calor na atmosfera, continentes e oceanos da Terra. Sabe-se disso desde o século XIX. Um aumento de $CO_2$ induziria uma tendência de aquecimento de longo prazo, sobrepondo-se a todos os outros efeitos complicados que causam flutuação climática.

A duplicação do $CO_2$, caso nenhum outro aspecto da atmosfera não se alterasse, causaria um aquecimento médio de 1.2 graus (Celsius) na Terra — em um cálculo bruto. Mas as mudanças associadas ao vapor d'água, cobertura de nuvens e circulação oceânica são menos compreendidas. Não sabemos o quanto esses processos de retorno são importantes. O quinto relatório do Painel Intergovernamental de Mudanças Climáticas (IPCC, em inglês), publicado em 2013, apresentou uma série de projeções, das quais (apesar das incertezas) algumas coisas ficaram claras. Particularmente, se as emissões anuais de $CO_2$ continuarem a crescer descontroladamente, há o risco de causarmos mudanças climáticas drásticas —

levando a cenários devastadores que ecoarão por muitos séculos, incluindo o início do derretimento irreversível de gelo na Groenlândia e na Antártida, que eventualmente elevariam o nível dos mares em vários metros. É importante notar que os "números de manchete" de um aumento na temperatura global são apenas uma média; o que torna o efeito mais perturbador é que o aumento é mais rápido em algumas regiões e pode causar mudanças drásticas em padrões climáticos regionais.

O debate sobre clima tem sido marcado pela confusão entre ciência, política e interesses comerciais. Aqueles que não gostam dos efeitos das projeções do IPCC rejeitam a ciência em vez de apelar para uma ciência melhor. O debate seria mais construtivo se quem se opõe às políticas atuais reconhecesse a necessidade de refinar e consolidar as previsões — não apenas globalmente, mas, mais importante ainda, em regiões específicas. Cientistas em Cambridge e na Califórnia[13] estão desenvolvendo o chamado projeto Sinais Vitais, que visa usar enormes quantidades de dados ambientais e climáticos para descobrir quais tendências locais (secas, ondas de calor e afins) estão mais diretamente correlacionadas ao aumento médio das temperaturas. Isso poderia dar aos políticos algo mais relevante e fácil de apreciar do que um aquecimento global médio.

A taxa de acúmulo de $CO_2$ na atmosfera dependerá de tendências populacionais futuras e do grau de dependência mundial contínua de combustíveis fósseis. Mas mesmo em um cenário específico de emissão de $CO_2$ não podemos prever a rapidez com que a temperatura média subirá, por conta do "fator de sensitividade climática" devido a retornos indefinidos. O consenso dos especialistas do IPCC era de que, se tudo se mantivesse igual, com aumento populacional e dependência contínua de combustíveis fósseis, haveria uma chance de 5% de gerar um aquecimento de mais de 6 graus no próximo século. Se pensarmos nos gastos atuais para diminuir emissões de $CO_2$ como uma apólice de seguro, a justificativa principal seria evitar a pequena chance de algo realmente catastrófico (como um aumento de 6 graus seria) em vez da chance de 50% de acontecer algo extremamente danoso, porém contornável.

A meta anunciada na Conferência de Paris era evitar que o aumento da temperatura média excedesse 2 graus — e, se possível, restringi-lo a 1,5 grau. Essa é uma meta adequada para reduzir o risco de atingirmos perigosos "pontos críticos". Mas a pergunta é: Como implementá-la? A quantidade de $CO_2$ que pode ser liberada sem ultrapassar esse limite é duplamente incerta, simplesmente por desconhecermos o fator de sensibilidade climática. O objetivo é, portanto, insuficiente — e obviamente incentivará os interesses do combustível fóssil de "promover" achados científicos que prevejam baixa sensibilidade.

Apesar das incertezas — tanto das projeções científicas quanto das econômicas e populacionais — duas mensagens são importantes.

1. Perturbações regionais nos padrões climáticos nos próximos 20 ou 30 anos agravarão as pressões sobre alimentos e água, causando mais "eventos extremos" e gerando migrações;
2. Em cenários de "continuar tudo igual" em que o mundo continua a depender de combustíveis fósseis, não podemos descartar, ainda neste século, um aquecimento verdadeiramente catastrófico, e pontos críticos levando a tendências de longo prazo como o derretimento da calota polar da Groenlândia.

Mas mesmo quem aceita ambas as declarações e concorda que há um risco significativo de catástrofes climáticas dentro de um século, vai divergir na urgência com que defendem ações atualmente. Sua avaliação dependerá das expectativas de crescimento futuro e otimismo acerca dos desafios tecnológicos. Acima de tudo, porém, depende também de uma questão ética — o quanto devemos limitar nossa própria satisfação em benefício das gerações futuras.

Bjørn Lomborg destacou-se (junto do "status de bicho-papão" entre vários cientistas climáticos) graças a seu livro *O Ambientalista Cético*. Ele convocou um Consenso de Copenhague de economistas para se pronunciarem acerca de problemas e políticas mundiais.[14] Estes economistas aplicam uma taxa de desconto padrão, excluindo assim o que aconteceria depois de 2050. Há, de fato, um pequeno risco de catástrofe nesse horizonte temporal, portanto, como era de se esperar, eles minimizam a prioridade de lidar com mudanças climáticas em comparação com outras formas de ajudar os pobres do mundo. Mas, conforme Nicholas Stern[15] e Martin Weitzman[16] argumentariam, se for aplicada uma taxa de desconto menor — e, na verdade, não discriminar em termos de data de nascimento e prezar por aqueles que viverão no século XXII e além —, então você pode considerar válido fazer um investimento agora para proteger aquelas futuras gerações contra o pior cenário possível.

Pense nesta analogia. Imagine que astrônomos tivessem rastreado um asteroide e calculassem que atingiria a Terra em 2100, não com certeza, mas com (supostos) 10% de probabilidade. Nós relaxaríamos, dizendo que é um problema que pode ser deixado de lado por uns 50 anos — as pessoas seriam mais ricas na época, e pode até ser que nem acertasse a Terra? Não acho que seria assim. Haveria um consenso se deveríamos começar agora mesmo e fazer o máximo para encontrar maneiras de desviá-lo ou atenuar seus efeitos. Perceberíamos que a maioria das crianças de hoje ainda estaria viva em 2100 e nos preocuparíamos com elas.

(Como parêntese, percebo que há um contexto político quando se aplica uma taxa de desconto basicamente nula: descarte de lixo radioativo, onde os depósitos são subterrâneos, como o que está sendo construído em Onkalo na Finlândia, e o proposto [e então abortado] sob a Montanha de Yucca, nos Estados Unidos, são necessários para prevenir vazamentos por 10 mil ou até mesmo um milhão de anos — é deveras irônico que não possamos planejar o resto das políticas energéticas para os próximos 30 anos.)

## 1.6 ENERGIA LIMPA – E UM "PLANO B"?

Por que os governos respondem com inércia às ameaças climáticas? Principalmente porque a preocupação com as gerações futuras (e pessoas nas partes mais pobres do mundo) costuma estar no fim da lista de prioridades. Na verdade, a dificuldade de implementar reduções de $CO_2$ (por meio de, por exemplo, créditos de carbono) é que o impacto de qualquer ação não somente permanece por décadas, como também se dissemina mundialmente. Os compromissos firmados em 2015 na Conferência de Paris, com o compromisso de serem revisados e renovados a cada 5 anos, são um passo positivo. Mas os problemas que ganharam relevância durante a conferência retornarão ao fim da fila, a menos que haja interesse público contínuo — a menos que esses problemas continuem pipocando nos e-mails dos políticos e na imprensa.

Na década de 1960, o psicólogo da Universidade de Stanford, Walter Mischel, fez alguns experimentos clássicos. Ele ofereceu duas opções a algumas crianças: 1 marshmallow imediatamente ou 2 marshmallows se esperassem 15 minutos. Ele afirmou que as crianças que optaram por esperar por suas gratificações tornaram-se adultos mais felizes e bem-sucedidos.[17] Essa é uma boa metáfora para o dilema que as nações enfrentam hoje. Se recompensas de curto prazo — gratificação instantânea — forem priorizadas, então o bem-estar de gerações futuras estará em risco. O horizonte de planejamento para infraestrutura e políticas ambientais precisa estender-se até 50 anos ou mais. Se você se importa com as gerações futuras, não é ético ignorar os benefícios (e malefícios) futuros na mesma medida que faria se fosse um construtor planejando um prédio comercial. E esta disposição em ignorar é um fator decisivo no debate de políticas climáticas.

Muitos ainda esperam que nossa civilização possa prosseguir calmamente no sentido de um futuro de baixo carbono. Mas os políticos não obterão muita repercussão defendendo uma abordagem minimalista que implique em mudanças de estilo de vida — principalmente se os benefícios forem distantes e estiverem décadas no futuro. Na verdade, é mais fácil conseguir apoio para a adaptação às mudanças climáticas em vez de sua diminuição, pois os benefícios da primeira acumulam-se regionalmente. Por exemplo, o governo de Cuba, cujas regiões costeiras são particularmente vulneráveis a furacões e elevações do nível do mar, desenvolveu um plano muito bem traçado que se estende por um século.[18]

Independentemente disso, três medidas que poderiam amenizar as mudanças climáticas parecem politicamente realistas — praticamente um "ganha-ganha".

Em primeiro lugar, todos os países poderiam aprimorar a eficiência energética, e desse modo economizar dinheiro. Poderia haver incentivos para projetos de edifícios mais "verdes". Não é apenas questão de melhorar o isolamento — é necessário repensar também a construção. Para ilustrar, quando um edifício é demolido, alguns de seus elementos — vigas de aço e tubulações de plástico, por exemplo — terão sofrido pouco desgaste e podem ser reutilizados. Além do mais, vigas podem ser produzidas de forma mais inteligente na fundação de modo a proporcionar a mesma capacidade com menos peso, economizando assim na produção de aço. Isso exemplifica um conceito que está se popularizando: a economia circular — na qual o objetivo é reciclar o máximo possível de materiais.[19]

Avanços técnicos costumam produzir eletrodomésticos mais eficientes. Seria coerente descartar os antigos, mas apenas se o ganho de eficiência fosse ao menos suficiente para compensar o custo extra de fabricar uma versão atualizada. Eletrodomésticos e veículos poderiam ser desenvolvidos de forma mais modular para que pudessem ser facilmente atualizados pela substituição de peças em vez de serem simplesmente descartados. Pode-se incentivar o uso de carros elétricos — que poderiam ser maioria em 2040. Essa transição reduziria a poluição (e o barulho) nas cidades. Mas seus efeitos nos níveis de $CO_2$ dependem, naturalmente, de onde virá a eletricidade que carregará as baterias.

Ações efetivas exigem mudança de mentalidade. Precisamos valorizar coisas feitas para durar — e incentivar os fabricantes e vendedores a enfatizar a durabilidade. Precisamos consertar e atualizar em vez de substituir. Ou ficar sem. Reduções simbólicas podem trazer bem-estar, mas não serão suficientes — se todos fizerem pouco, conquistaremos pouco.

Uma segunda política "ganha-ganha" seria focar em cortar emissões de metano, fuligem e CFC. Esses são contribuintes secundários ao efeito estufa. Mas ao contrário do $CO_2$ eles também causam poluição local em cidades chinesas, por exemplo — então há um incentivo ainda maior para reduzi-los. (Em países europeus, os esforços para reduzir a poluição começam prejudicados. Na década de 1990 havia pressão para favorecer carros movidos a diesel por conta de sua maior economia de combustível. Isso vem sendo revertido só agora porque emitem micropartículas poluentes que ameaçam o bem-estar nas cidades.)

Mas a terceira medida é a mais importante. As nações deveriam expandir sua Pesquisa e Desenvolvimento (P&D) a todas as formas de geração de energia de baixa emissão de carbono (renováveis, nucleares de quarta geração, fusão e afins), e a outras tecnologias onde o progresso simultâneo for crucial — principalmente armazenamento e linhas de transmissão inteligentes. É por isso que um resultado animador da Conferência de Paris em 2015 foi uma iniciativa chamada Missão Inovação. Ela foi lançada pelo presidente Obama e pelo primeiro ministro indiano, Narendra Modi, e apoiada pelos países do G7 e também por Índia, China e outros 11 países. Espera-se que comprometam-se a dobrar seu investimento público em P&D de energias limpas em 2020 e coordenem esforços. Essa meta é moderada. Hoje em dia, apenas 2% do investimento público em P&D destina-se a esses desafios. Por que os percentuais não são equiparados aos gastos com pesquisas médicas ou defensivas? Bill Gates e outros filantropos assumiram um compromisso paralelo.

O impedimento à "descarbonização" da economia global é que a geração de energia renovável ainda é cara. Quanto mais rápido essas tecnologias "limpas" avançarem, mais cedo seus preços cairão de modo a serem acessíveis a países em desenvolvimento, onde será necessário ter maior capacidade geradora, onde a saúde dos pobres é ameaçada pela fumaça de fogões que queimam madeira ou esterco, e onde caso contrário haveria a obrigação de construir centrais elétricas a carvão.

O Sol fornece 5 mil vezes mais energia à superfície da Terra do que a demanda humana total. Ele brilha com maior intensidade na Ásia e na África, onde espera-se que a demanda por energia aumentará mais rápido. Diferente dos combustíveis fósseis, não produz poluentes, e nenhum mineiro morre no processo. Diferente da fissão nuclear, não gera resíduos nucleares. A energia solar já é competitiva em milhares de aldeias na Índia e na África que estão fora da rede elétrica. Mas em escalas maiores continua mais cara do que os combustíveis fósseis e só se torna economicamente viável graças a subsídios ou tarifas de energias renováveis. Mas uma hora esses subsídios precisam acabar. Para que o Sol (ou o vento) torne-se nossa principal fonte de energia, é necessário haver um modo de armazenamento, a fim de que haja suprimento noturno ou para dias sem vento. Já existe um grande investimento em melhorar e disseminar o uso de baterias. No fim de 2017, a empresa SolarCity, de Elon Musk, instalou um conjunto de baterias de íons de lítio com capacidade de 100 megawatts em uma localidade no sul da Austrália. Outras possibilidades para armazenar energia incluem depósitos termais, capacitores, ar comprimido, flywheels, sal fundido, bombas hidrelétricas e hidrogênio.

A transição para os carros elétricos impulsionou a tecnologia de baterias (as necessidades das baterias automotivas são maiores do que as domésticas ou de "fazendas de baterias", em termos de peso ou velocidade de recarga). Precisaremos de redes elétricas de corrente contínua de alta-tensão (CCAT) para transmitir com eficiência em longas distâncias. No longo prazo, essas redes devem ser transcontinentais — levando energia solar do norte da África e Espanha para áreas menos ensolaradas do norte europeu, e de leste a oeste para aliviar picos de demanda em diferentes fusos horários na América do Norte e Eurásia.

É difícil pensar em um desafio mais inspirador para jovens engenheiros do que desenvolver sistemas de energia limpa para o mundo.

Outros métodos de geração de energia além do Sol e do vento têm nichos geográficos. A energia geotérmica é facilmente acessível na Islândia; a energia das ondas pode ser viável, mas é obviamente tão variável quanto o vento. Extrair energia das marés parece atraente — elas sobem e descem de forma previsível —, mas na verdade não é promissora, exceto em poucos lugares onde a topografia gera uma amplitude das marés excepcionalmente grande. A costa oeste do Reino Unido, com amplitude de maré de até 15 metros, é um desses lugares, e onde há estudos de viabilidade sobre como turbinas poderiam extrair energia dos rápidos fluxos induzidos rapidamente pelas marés ao redor de cabos e promontórios. Uma barragem colocada sobre o vasto estuário do rio Severn poderia gerar tanta energia quanto diversas usinas nucleares. Mas essa proposta ainda é controversa devido a preocupações acerca de seu impacto ambiental. Um projeto alternativo envolve lagoas de marés, criadas por meio da construção de diques para fechar diversos quilômetros de áreas no mar. A diferença entre o nível do mar dentro e fora seria usada para girar turbinas. Essas lagoas têm a vantagem de seu custo financeiro ser de terraplanagem duradoura e de baixa tecnologia, que poderia ser amortizado ao longo de séculos.

As projeções atuais sugerem que pode demorar algumas décadas até que as fontes de energia limpa atendam nossa necessidade, especialmente nos países em desenvolvimento. Se, por exemplo, a energia solar e o armazenamento por meio de hidrogênio e baterias forem inadequados (e essas parecem ser nossas melhores apostas no momento), então ainda precisaremos de suporte na metade do século. A energia a gás seria aceitável se combinada com sequestrantes de carbono (captura e armazenamento de carbono, CCS), de modo que o $CO_2$ seja extraído dos gases exalados pela usina de força, transportado e armazenado permanentemente no subsolo.

Há quem alegue que seria vantajoso reduzir a concentração de $CO_2$ até os níveis da era pré-industrial – não apenas remover as futuras emissões de usinas de força, mas também "sugar" o que já foi emitido durante o último século. O fundamento disso não é óbvio. Não há nada "ideal" no clima do planeta no século XX — o perigo é que a taxa de mudanças antropogênicas tem sido muito maior do que a de mudanças naturais do passado, e, portanto, não é fácil para nós ou para o mundo natural nos adequar. Mas, se essa redução fosse considerada aceitável, haveria duas formas de obtê-la. Uma é a extração direta da atmosfera; isso é possível, mas é ineficiente, uma vez que o $CO_2$ representa apenas 0,02% do ar. Outra técnica é cultivar plantas, que absorvem naturalmente o $CO_2$ da atmosfera, usá-las como biocombustível e capturar (e enterrar) o $CO_2$ que será reemitido pela usina de força quando sua queima ocorrer. Isso é muito bom na teoria, mas problemático pela quantidade de terra necessária para cultivar o combustível (que poderia, de outro modo, ser disponibilizado para produzir alimentos — ou conservado como floresta natural), e porque a captura permanente de bilhões de toneladas de $CO_2$ não é direta. Uma variante de alta tecnologia usaria "folhas artificiais" para incorporar o $CO_2$ diretamente em combustíveis.

Qual é o papel da energia nuclear? Particularmente defendo que o Reino Unido e os Estados Unidos deveriam ter ao menos uma forma substituta de geração às usinas elétricas. Mas os danos de um acidente nuclear, ainda que improváveis, causam ansiedade; a opinião pública e política ainda varia. Depois do desastre da Usina de Fukushima em 2011, um sentimento antinuclear cresceu não apenas (como esperado) no Japão, mas também na Alemanha. Além do mais, pode-se causar desconforto acerca de um programa mundial de energia nuclear a menos que sejam criados bancos de combustível internacionalmente controlados para fornecer urânio enriquecido e remover e armazenar os resíduos — além de um código de segurança estritamente aplicado para proteger contra riscos semelhante ao de companhias aéreas de qualidade questionável, e um rígido acordo de não-proliferação para prevenir o desvio de material radioativo para produção de armas.

Apesar da ambivalência acerca da generalização da energia nuclear, vale a pena estimular P&D de diversos conceitos de quarta geração, que poderiam provar que são mais flexíveis em tamanho, e também mais seguros. A indústria tem estado relativamente inerte nos últimos 20 anos e os projetos atuais são da década de 1960 ou de antes. Em especial, é válido estudar a economia de pequenos reatores modulares padronizados que poderiam ser construídos em grande número e seriam pequenos o suficiente para serem montados em uma fábrica antes de serem transportados a seus destinos finais. Além do mais, alguns projetos da década de 1960 merecem reconsideração — em especial, o reator a base de tório, que tem a vantagem de o tório ser mais abundante na crosta terrestre do que o urânio, e também de produzir menos lixo tóxico.

Tentativas de extrair energia da fusão nuclear — o processo que abastece o Sol — vêm sendo realizadas desde a década de 1950, mas a história contempla horizontes distantes; a energia de fusão para fins comerciais ainda está a pelo menos 30 anos de distância. O desafio é usar forças magnéticas para confinar gás a uma temperatura de milhões de graus — tão quente quanto o núcleo do Sol — e desenvolver materiais para conter o reator que possa suportar irradiação prolongada. Apesar do custo, a possível recompensa da fusão é tão grande que compensa continuar desenvolvendo experimentos e protótipos. O maior desses esforços é o Reator Termonuclear Experimental Internacional (ITER), na França. Existem projetos semelhantes, mas em menor escala, na Coreia, Reino Unido e Estados Unidos. Um conceito alternativo, onde raios convergentes de lasers gigantes atingem e implodem minúsculas pastilhas de deutério, está em pesquisa no Laboratório Nacional Lawrence Livermore nos Estados Unidos, mas essa Instalação Nacional de Ignição é primariamente um projeto de defesa que fornecerá substitutos para testes de bomba H em escala laboratorial; a promessa de energia de fusão controlada é apenas um chamariz político.

Um "fator de medo" e uma sensação de desamparo exageram o temor público à radiação. Consequentemente, todos os projetos de fusão e fissão são barrados por preocupações desproporcionais acerca até mesmo de níveis muito baixos de radiação.

O tsunami de 2011 no Japão causou 30 mil mortes, principalmente por afogamento. Também destruiu as usinas nucleares de Fukushima, que não tinham proteção adequada contra uma muralha d'água de 15 metros de altura, e foram projetadas de forma pouco eficiente (por exemplo, os geradores de emergência localizavam-se na parte mais baixa e foram inativados pela enchente). Consequentemente, materiais radioativos vazaram e se espalharam. As aldeias próximas foram evacuadas de forma desordenada — inicialmente só em um raio de 3 quilômetros das usinas, depois 20 e então 30 quilômetros — e com pouca atenção ao modo assimétrico com que o vento espalhava a contaminação. Alguns dos refugiados precisaram se mudar 3 vezes. Algumas aldeias ainda estão desabitadas, gerando consequências devastadoras nas vidas de residentes antigos. De fato, o trauma psicológico e outros problemas como diabetes provaram ser mais debilitantes do que o risco de radiação. Muitos refugiados, especialmente os mais velhos, estavam prontos para aceitar de bom grado um risco consideravelmente mais alto de contrair câncer em troca da liberdade de viver seus últimos dias em um local familiar. Eles deveriam ter tido essa opção. (Da mesma forma, as evacuações em massa após o desastre de

Chernobyl não atenderam necessariamente aos interesses daqueles que foram deslocados.)

Diretrizes exageradamente rigorosas acerca dos perigos de baixos níveis de radiação pioram a economia da energia nuclear como um todo. Depois de desabilitar o reator experimental "procriador veloz" de Dounreay, ao norte da Escócia, bilhões de libras vêm sendo gastas em uma "limpeza interina" daqui até a década de 2030, a ser seguida por mais gastos ao longo de diversas décadas seguintes. E cerca de 100 bilhões de libras estão orçadas, ao longo do século seguinte, para restaurar a "campos verdes" as instalações nucleares de Sellafield, na Inglaterra. Outra preocupação política é a seguinte: se um centro urbano fosse atacado por uma "bomba suja" (uma explosão química convencional misturada a material radioativo), forçaria algum tipo de evacuação. Mas, assim como em Fukushima, as diretrizes atuais levariam a uma ação de resposta que foi injustamente drástica, tanto em alcance quanto em duração da evacuação. A sequência imediata de um incidente nuclear não é o momento ideal para um debate equilibrado. Por isso, esse tópico precisa de novas avaliações agora e divulgação de diretrizes claras e adequadas.

* * *

O que acontecerá, afinal, no fronte climático? Meu palpite pessimista é que esforços políticos para descarbonizar a produção de energia não terão apoio, e que a concentração de $CO_2$ na atmosfera aumentará de maneira crescente durante os próximos 20 anos, mesmo que os acordos de Paris sejam honrados. Mas até lá saberemos com muito mais confiança — vinda de um banco de dados mais extenso e de modelos melhores — o quão forte realmente é o retorno do vapor de água e nuvens. Se a "sensibilidade climática" for baixa, ficaremos tranquilos. Mas se for alta e o clima consequentemente parecer que está em uma trajetória irreversível rumo a territórios perigosos (acompanhando o mais severo dentre os cenários de aumento de temperatura do quinto relatório do IPCC), talvez haja pressão para "medidas de pânico". Isso poderia envolver um "Plano B" — fatalista acerca da dependência de combustíveis fósseis, mas combatendo os efeitos da emissão de $CO_2$ na atmosfera por meio de um investimento pesado na captura e armazenamento de carbono em todas as usinas de força baseadas em combustível fóssil.

De forma ainda mais controversa, o clima poderia ser controlado ativamente por meio de geoengenharia.[20] O "efeito estufa" poderia ser revertido através da colocação (por exemplo) de aerossóis refletores na alta atmosfera, ou mesmo enormes guarda-sóis no espaço. Parece viável jogar material suficiente na estratosfera para alterar o clima do mundo. Na verdade, o que é assustador é que os recursos para tal possam ser dominados por um único país, ou talvez até mesmo uma só empresa. Os problemas políticos de tal geoengenharia podem ser esmagadores. Poderia haver efeitos colaterais indesejados. E mais, o aquecimento poderia retornar mais forte se as medidas de combate acabassem sendo descontinuadas, e outras consequências do aumento dos níveis de $CO_2$ (especialmente os efeitos devastadores da acidificação dos oceanos) seriam desmedidos.

Esse tipo de geoengenharia seria um enorme pesadelo político; nem todos os países do mundo têm interesse em ajustar seus termostatos desse jeito. Seria necessário um modelo climático muito elaborado para calcular os impactos regionais de quaisquer intervenções artificiais. Seria uma farra para juristas se um indivíduo ou nação pudesse ser culpado pelo mau tempo! (Perceba, no entanto, que um jeito diferente de remediar a situação — extração direta de $CO_2$ da atmosfera — não causaria comoção. Isso não parece viável agora, mas é incontestável, porque seria simplesmente desfazer a geoengenharia que os humanos fizeram com a queima de combustíveis fósseis.)

Apesar dos aspectos indesejáveis, vale a pena explorar a geoengenharia para esclarecer quais opções fazem sentido e talvez calar otimismos inadequados acerca de "soluções rápidas" para nosso clima. Seria inteligente também separar os problemas complexos de administração levantados — e garantir que fossem esclarecidos antes de as mudanças climáticas se tornarem tão sérias que haja pressão para ações urgentes.

Conforme destacado na introdução, essa é a primeira era em que a humanidade pode afetar o habitat de nosso planeta inteiro: o clima, a biosfera e o suprimento de recursos naturais. Mudanças estão acontecendo em um período de décadas. Isso é muito mais rápido do que as mudanças naturais que ocorreram durante o passado geológico; por outro lado, é lento o suficiente para que tenhamos, coletivamente ou em nível nacional, tempo de planejar uma reação — para atenuar ou nos adaptar a um clima em processo de mudança e modificarmos estilos de vida. Tais ajustes são possíveis em teoria — embora um tema deprimente que permeia este livro seja o abismo entre o que é tecnicamente desejável e o que realmente ocorre.

Devemos ser defensores de novas tecnologias — sem elas, não teríamos muito do que torna nossas vidas melhores do que as de gerações passadas. Sem tecnologia o mundo não pode fornecer alimento e energia sustentável a uma população cada vez maior em número e necessidades. Mas precisamos que isso seja guiado com sabedoria. Sistemas de energia renovável, avanços médicos e produção de alimentos de alta tecnologia (carne artificial e afins) são metas inteligentes; técnicas de geoengenharia provavelmente não são. No entanto, descobertas técnicas e científicas podem acontecer de forma tão rápida e imprevisível que talvez não sejamos capazes de lidar com elas adequadamente; será um desafio usufruir dos benefícios enquanto se previne os efeitos indesejados. As tensões entre as promessas e danos de novas tecnologias são o tema dos próximos capítulos.

# 2

# O FUTURO DA HUMANIDADE NA TERRA

## 2.1 BIOTECNOLOGIA

Robert Boyle é mais lembrado hoje pela "Lei de Boyle", que trata da pressão e densidade dos gases. Ele foi um dos "cavalheiros geniais e curiosos" que, em 1660, fundaram a Sociedade Real de Londres, que existe até hoje como a academia de ciências do Reino Unido. Esses homens (não havia mulheres entre eles) chamavam a si mesmos de "filósofos naturais" (o termo "cientista" não existia até o século XX); nas palavras de Francis Bacon, cujos escritos os influenciaram profundamente, eles eram "mercadores de luz", buscando iluminação pelo seu próprio bem; mas eram também homens práticos engajados nos problemas de seu tempo, almejando (citando Bacon novamente) a "libertação do estado do Homem".

Boyle era um erudito. Após sua morte, em 1691, encontrou-se uma nota escrita à mão em meio a seus papéis, com uma "lista de desejos" de invenções que beneficiariam a humanidade.[1] No excêntrico idioma de seu tempo, ele previu alguns avanços que hoje foram alcançados, e alguns ainda nos confundem mais de três séculos depois. Eis uma parte de sua lista:

O prolongamento da vida;

A recuperação da juventude, ou de ao menos alguns de seus aspectos, como dentes novos, cabelos novos com as cores que tinham na juventude;

A arte de voar;

A arte de continuar muito tempo sob a água e exercer funções livremente ali;

Grande força e agilidade corporal a exemplo de pessoas frenéticas, epiléticas e histéricas;

A aceleração da produção de coisas vindas de sementes;

A produção de óculos parabólicos e hiperbólicos;

O método prático e preciso de se encontrar longitudes;

Drogas potentes para alterar ou exaltar a imaginação, memória e outras funções e aliviar dores, produzir sono tranquilo, sonhos inofensivos etc.;

Uma luz perpétua;

A transmutação de espécies em minerais, animais e vegetais;

O alcance de dimensões gigantescas;

Libertar-se da necessidade de tanto sono visto nas operações de chá e o que acontece com loucos e quem usa estimulantes para se manter acordado.[2]

Qualquer pessoa do século XVII, como Boyle, ficaria espantada com o mundo atual — muito além do que um romano ficaria com o mundo de Boyle. Além do mais, muitas mudanças ainda têm avançado. Tecnologias novas — biológicas, cibernéticas e IA — serão transformadoras de maneiras difíceis de prever mesmo dentro de uma década. Essas tecnologias podem oferecer soluções às crises que ameaçam nosso populoso mundo; mas, por outro lado, podem criar vulnerabilidades que dificultariam nossa jornada durante o século. Progredir mais dependerá de inovações recém-descobertas em laboratórios de pesquisa, então a velocidade do avanço é particularmente imprevisível — ao contrário, por exemplo, da energia nuclear, que se baseia em física do século XX, e das transformações do século XIX geradas por vapor e eletricidade.

Uma tendência "vanguardista" na biotecnologia tem sido o custo cada vez menor de mapear o genoma. O "primeiro rascunho do genoma humano" era "*Big Science*" — um projeto internacional orçado em 3 bilhões de dólares. Sua conclusão foi anunciada em uma conferência de imprensa na Casa Branca em junho de 2000. Mas em 2018 o custo caiu para menos de mil dólares. Em breve, mapear o genoma será algo rotineiro — colocando em dúvida se realmente queremos saber se temos genes que causam predisposição a doenças específicas.[3]

Mas, agora, há um avanço paralelo — a capacidade mais rápida e barata de *sintetizar* genomas. Em 2004, o vírus da pólio foi sintetizado — um presságio do que viria a seguir. Já em 2018, a técnica está bem mais avançada. Craig Venter, empresário e biotecnólogo americano, está desenvolvendo um sintetizador de genes que é, na verdade, uma impressora 3D para códigos genéticos. Mesmo sendo capaz de reproduzir apenas genomas pequenos, poderia ter aplicações variadas. O "código" de uma vacina poderia ser transferido online ao mundo todo, assegurando a distribuição global de uma vacina criada a fim de combater uma nova epidemia.

As pessoas costumam ficar apreensivas frente a inovações que parecem ser "contra a natureza" e que trazem riscos. Vacinação e transplantes de coração, por exemplo, foram motivo de controvérsia no passado. Recentemente, a preocupação gira em torno de pesquisas embrionárias, transplantes mitocondriais e células-tronco. Acompanhei de perto o debate no Reino Unido que culminou na legislação que permite experimentos em embriões com até 14 dias de vida. Esse debate foi bem conduzido; caracterizado por um engajamento construtivo entre pesquisadores e parlamentares e o público em geral. Houve oposição por parte da Igreja Católica: alguns de seus representantes divulgaram panfletos retratando um embrião com 14 dias de vida como um "homúnculo" estruturado. Os cientistas deram a merecida ênfase ao quanto isso era leviano; um embrião em estágio tão primário ainda é um grupo de células microscópicas e indiferenciadas. Mas os adversários mais inteligentes respondiam "sei disso, mas ainda é sagrado" — e a essa crença a ciência não tem argumentos.

Em contrapartida, o debate sobre animais e cultivos geneticamente modificados (GM) não foi tão bem conduzido no Reino Unido. Mesmo antes de o público estar totalmente envolvido, já havia um impasse entre a Monsanto, uma empresa agroquímica gigante, e ambientalistas. A Monsanto foi acusada de explorar fazendeiros de países em desenvolvimento forçando-os a comprarem sementes anualmente. O público em geral foi influenciado por uma campanha jornalística contra "Comidas *Frankenstein*". Houve um clima de "nojinho" quando descobriu-se que os cientistas poderiam "criar" coelhos que brilham no escuro — uma versão inflamada do mal-estar que muitos de nós sentimos acerca da exploração de animais de circo. Apesar do fato de alimentos GM serem consumidos por 3 milhões de americanos por uma década inteira sem demonstrar danos, ainda são severamente restritos na União Europeia. E, conforme mencionado na seção 1.3, o fornecimento de alimentos GM a crianças subnutridas para combater deficiências vitamínicas foi barrado por ativistas anti-GM. Mas existem preocupações legítimas de que a diminuição da diversidade genética em plantações importantes (trigo, milho e afins) possa deixar o suprimento de alimentos mundial mais vulnerável a doenças vegetais.

A nova tecnologia de alteração de genes, CRISPR/Cas9, poderia modificar sequências genéticas de forma mais adequada do que técnicas anteriores. O sistema CRISPR/Cas9 faz pequenas mudanças em sequências de DNA para suprimir (ou alterar a expressão de) genes prejudiciais. Mas isso não "cruza a linha entre espécies". Em humanos, esse uso menos controverso e mais benigno de edição de genes remove genes isolados que causam doenças específicas.

A fertilização in vitro (FIV) já oferece uma maneira menos invasiva do que o CRISPR/Cas9 para remover genes prejudiciais. Nesse procedimento, após o tratamento hormonal para induzir a ovulação, diversos óvulos são colhidos, fertilizados in vitro e desenvolvidos até um estágio inicial. Examina-se, então, uma célula de cada embrião em busca da presença do gene indesejado, e aquele livre do gene é implantado para uma gestação normal.

Uma técnica diferente disponível hoje pode substituir uma categoria específica de genes defeituosos. Parte do material genético de uma célula encontra-se em organelas chamadas mitocôndrias; são diferentes do núcleo da célula. Se um gene defeituoso for mitocondrial, é possível substituí-lo por mitocôndrias de outra mulher — criando "bebês com 3 pais". Essa técnica foi legalizada pelo parlamento do Reino Unido em 2015. O próximo passo seria usar alteração genética no DNA do núcleo das células.

Para a opinião pública, há uma distinção clara entre intervenções médicas artificiais que removem algo prejudicial e a aplicação técnica semelhante para proporcionar "melhorias". A maioria das características (altura, inteligência e afins) é determinada pela combinação de vários genes. Somente quando o DNA de milhões de pessoas estiver disponível será possível (usando sistemas de reconhecimento de padrões com auxílio de IA) identificar combinações relevantes de genes. No curto prazo, esse conhecimento poderia ser usado como informação na seleção de embriões para FIV. Mas modificar ou redesenhar o genoma é uma perspectiva mais remota (e naturalmente mais arriscada e duvidosa). Até que isso se torne possível — e até que o DNA com a indicação devida possa ser sequenciado artificialmente – "bebês customizados" serão inconcebíveis (nos dois sentidos da palavra!). Curiosamente, não se sabe o quanto os pais desejariam produzir filhos "melhorados" dessa forma (diferente da edição de genes únicos mais viável necessária para remover a predisposição a doenças ou deficiências). Na década de 1980, surgiu na Califórnia o Repository for Germinal Choice, com o objetivo de permitir a concepção de "bebês customizados"; tratava-se de um banco de esperma, apelidado de banco de esperma do prêmio Nobel, contendo apenas doadores de "elite", incluindo William Shockley, coinventor do transistor e ganhador de prêmio Nobel, que alcançou notoriedade mais tarde por ser defensor da eugenia. Ele ficou surpreso — embora a maioria de nós tenha ficado feliz — por não haver grande demanda.

Os avanços em medicina e cirurgia já alcançados — e aqueles que podemos esperar confiantes nas próximas décadas — serão aclamados como bênçãos. Contudo, intensificarão alguns dilemas éticos — acentuarão, especialmente, os dilemas envolvendo o tratamento daqueles no início e no fim da vida. O aumento saudável na duração de nossas vidas será bem-vindo. Mas o que está se tornando mais problemático é o crescente abismo entre quanto tempo sobreviveremos em uma velhice saudável e até quando determinado tipo de vida pode ser estendido por meio de medidas drásticas. Muitos de nós optaríamos por não ser ressuscitados, e receber apenas tratamentos paliativos, assim que nossa qualidade de vida ou prognóstico ficasse abaixo de determinado limiar. Tememos ser dependentes por anos, dominados pela demência avançada — esgotando os recursos e a compreensão alheios. Da mesma forma, deve-se questionar se os esforços para salvar bebês extremamente prematuros ou com danos irreversíveis não foi longe demais. Em 2017, por exemplo, uma equipe de cirurgiões no Reino Unido tentou — com imenso comprometimento e dedicação — salvar um bebê nascido com o coração fora do corpo.

Bélgica, Holanda, Suíça e diversos estados americanos legalizaram a "morte assistida" — garantindo assim que uma pessoa mentalmente sadia com uma doença terminal possa ter auxílio para morrer em paz. Parentes ou médicos e seus assistentes podem realizar os procedimentos necessários sem o risco de responderem processos criminais por "auxílio ao suicídio". Até então nada parecido obteve aprovação parlamentar no Reino Unido. As contestações baseiam-se em argumentos religiosos, na visão de que a participação em tais atos se opõe ao código de ética médica, e em preocupações de que pessoas vulneráveis possam ser pressionadas por seus familiares a seguirem por essa via ou pela preocupação infundada de se tornarem fardos para outras pessoas. Essa inoperância do Reino Unido persiste embora 80% da população seja favorável à "morte assistida". Faço parte desses 80%. A disponibilidade dessa opção confortaria um número muito maior de pessoas do que as que de fato a utilizariam. A medicina e cirurgia modernas obviamente beneficiam a maioria de nós, na maior parte das nossas vidas, e podemos esperar mais avanços nas décadas vindouras que poderão prolongar vidas saudáveis. Entretanto, espero (e torço) que haja mais pressão pela legalização da eutanásia em circunstâncias controladas.

Outra consequência dos avanços médicos é distorcer a transição entre a vida e a morte. Hoje, morte costuma ser definida como "morte cerebral" — o estágio em que todos os sinais mensuráveis de atividade cerebral extinguem-se. Esse é o critério que cirurgiões de transplante usam para decidir quando podem "coletar" os órgãos de um corpo. Mas essa distinção tem sido cada vez mais distorcida por suposições de que o coração pode ser reiniciado artificialmente depois de haver "morte cerebral", apenas para manter os órgãos visados "frescos" por mais tempo. Isso traz ainda mais ambiguidade moral aos de transplantes. Já existem "agentes" induzindo bangladeshianos pobres a venderem um rim ou outro órgão que seria revendido com grande margem de lucro para beneficiar potenciais receptores ricos. E todos já vimos imagens perturbadoras na TV de uma mãe com seu filho doente alegando estar "desesperada por um doador" — desesperada, em outras palavras, para que outra criança morra, talvez em um acidente fatal, e forneça o órgão necessário. Essas ambiguidades morais, somadas à escassez de doadores de órgãos, continuarão (e de fato tendem a piorar) até que o xenotransplante — retirada de órgãos de porcos ou outros animais para uso em humanos — torne-se seguro e comum. Melhor ainda (embora mais futurístico), técnicas semelhantes às desenvolvidas para produzir carne artificial podem possibilitar a impressão 3D de órgãos substitutos. São esses avanços que deveriam ser priorizados.

Avanços em microbiologia — diagnósticos, vacinas e antibióticos — oferecem propostas para a manutenção da saúde, controle de doenças e contenção de pandemias. Mas esses benefícios causaram um "contra-ataque" perigoso dos próprios agentes patogênicos. Há preocupações sobre a resistência a antibióticos, por meio da qual uma bactéria evolui (por meio da seleção darwiniana acelerada) e se torna imune aos antibióticos que outrora a suprimiam. Isso levou, por exemplo, ao ressurgimento da tuberculose. A menos que novos antibióticos sejam desenvolvidos, os riscos de contrair (por exemplo) infecções pós-operatórias intratáveis chegarão aos níveis de um século atrás. No curto prazo, é urgente evitar o abuso de antibióticos — por exemplo, em gado nos Estados Unidos — e incentivar o desenvolvimento de novos antibióticos, mesmo que sejam menos lucrativos para empresas farmacêuticas do que drogas que controlam condições crônicas.

E estudos sobre vírus, conduzidos na esperança de assim desenvolver vacinas melhores, têm aspectos controversos. Por exemplo, em 2011, dois grupos de pesquisa, um na Holanda e outro em Wisconsin, mostraram que era surpreendentemente fácil tornar o vírus da gripe H5N1 mais virulento e transmissível — em contraste com a tendência natural de esses dois fatores serem inversamente proporcionais. A justificativa dada para esses experimentos foi que manter-se um passo à frente das mutações naturais facilitaria a produção de vacinas em tempo hábil. Mas, para muitos, esse benefício foi suplantado pelos riscos crescentes de liberação acidental de vírus perigosos, além de maior disseminação de técnicas que poderiam ser úteis a bioterroristas. Em 2014, o governo dos Estados Unidos parou de financiar esses pretensos experimentos de ganho de função —, mas em 2017 essa proibição foi revogada. Em 2018, foi publicado um artigo relatando a síntese do vírus da varicela — com a implicação de que o vírus da varíola poderia ser sintetizado de forma semelhante.[4] Houve quem questionasse a justificativa desse experimento, conduzido por um grupo em Edmonton, Alberta, já existe vírus seguro da varíola armazenado; outros alegam que mesmo que a pesquisa fosse justificável, foi um erro publicá-la.

Como mencionado, experimentos usando as técnicas do CRISPR/Cas9 em embriões humanos levantam preocupações éticas. E o rápido avanço da biotecnologia trará mais exemplos em que há preocupação acerca da segurança dos experimentos, da disseminação de "conhecimentos perigosos" e da ética de sua aplicação. Procedimentos que afetam não apenas um indivíduo, mas também sua prole — alterando a linha germinal — são preocupantes. Houve, por exemplo, uma tentativa com 90% de sucesso de esterilizar, e portanto erradicar, a espécie de mosquitos que espalham os vírus da dengue e da zika. No Reino Unido, um "impulso genético" foi invocado para erradicar esquilos-cinzentos — considerados uma "peste" que ameaça a adorável espécie de esquilos vermelhos. (Uma tática mais benigna seria manipular o esquilo vermelho de modo a resistir ao parapoxvírus que é propagado pelos esquilos-cinzentos.) Estão sendo propostas técnicas parecidas para preservar a ecologia única das Ilhas Galápagos com a eliminação de espécies invasoras — especialmente ratos pretos. Mas convém notar que em um livro recente, *Inheritors of the Earth* [*Herdeiros da Terra,* em tradução livre] de Chris Thomas, um renomado ecologista alega que a propagação de uma espécie pode normalmente ter um impacto positivo para garantir uma ecologia mais robusta e variada.[5]

Em 1975, nos primórdios da pesquisa de DNA recombinante, um grupo de proeminentes biólogos moleculares reuniu-se na Asilomar Conference Grounds em Pacific Grove, Califórnia, e definiu diretrizes determinando quais experimentos deveriam ou não ser realizados. Esse precedente aparentemente motivador provocou diversas reuniões, organizadas por academias nacionais, para discutir desenvolvimentos recentes na mesma linha. Mas hoje, mais de 40 anos depois da primeira reunião em Asilomar, a comunidade de pesquisadores é mais internacionalizada e mais influenciada por pressões comerciais. Eu me preocuparia caso quaisquer normas impostas, por motivos cautelares ou éticos, não pudessem ser aplicadas no mundo todo — como são as leis antidrogas ou tributárias. O que puder ser feito será feito por alguém em algum lugar. E isso é um pesadelo. Diferente dos complicados e óbvios equipamentos especiais necessários para criar uma arma nuclear, a biotecnologia usa equipamentos menores e com mais utilidades. Na verdade, o biohacking está crescendo até mesmo como jogo de lazer e competição.

Em 2003, estava preocupado com esses perigos e avaliei em 50% o risco de bioerro ou bioterrorismo que causaria um milhão de mortes em 2020. Fiquei surpreso com a quantidade de colegas meus que achavam que uma catástrofe era ainda mais provável do que eu supunha. Mais recentemente, no entanto, o psicólogo/autor Steven Pinker aceitou apostar 200 dólares comigo. Essa é uma aposta que eu espero fervorosamente perder, mas não me surpreendeu que o autor de *Os Anjos Bons da Nossa Natureza*[6] tivesse uma visão otimista. O livro fascinante de Pinker está repleto de otimismo. Ele cita estatísticas apontando uma tendência positiva de queda de violência e conflitos — uma redução que tem sido ofuscada pelo fato de os jornais globais relatarem desastres que seriam ignorados antigamente. Mas essa tendência pode levar-nos erroneamente a uma confiança indevida. No mundo financeiro, ganhos e perdas são assimétricos; vários anos de ganhos gradativos podem ser varridos por uma perda repentina. Quando se fala em biotecnologia e pandemias, o risco é caracterizado por eventos mais raros, porém extremos. Além disso, quanto mais a ciência nos capacita, e devido ao fato de o mundo estar tão interconectado, a magnitude das piores catástrofes possíveis atingiu níveis inéditos, e muitos os negam.

A propósito, as consequências sociais das pandemias seriam muito maiores do que em séculos passados. Aldeias europeias de meados do século XIV continuaram em atividade mesmo depois que a Peste Negra dizimou quase metade de suas populações; os sobreviventes ficaram receosos acerca do enorme número de mortes. Em contrapartida, o sentimento de achar que se tem direitos é tão forte nos países mais ricos atualmente que haveria um colapso na ordem social assim que hospitais lotassem, funcionários essenciais ficassem em casa e o sistema de saúde ficasse sobrecarregado. Isso poderia ocorrer ainda que os infectados representassem menos de 1%. Entretanto, a taxa de fatalidade seria mais alta nas megacidades dos países em desenvolvimento.

Pandemias são uma ameaça natural constante, mas seria alarmismo levantar questões acerca dos riscos de bioerros e bioterrorismo provocados pelo homem?

Infelizmente, acredito que não. Sabemos muito bem que conhecimento técnico não é garantia de equilíbrio racional. A aldeia global terá os idiotas da aldeia e eles terão alcance global. A disseminação de um agente patogênico liberado artificialmente não pode ser prevista nem controlada; essa constatação inibe o uso de armas biológicas por parte dos governos, ou mesmo por parte de grupos terroristas com metas bem definidas (que são o motivo pelo qual foquei em ameaças nucleares e cibernéticas na seção 1.2). Então, meu pior pesadelo seria um "solitário" perturbado, especializado em biotecnologia, que acreditasse, por exemplo, que há muitos humanos no planeta e não se importasse com quem, ou quantos, fossem infectados. A crescente autonomia de grupos (ou mesmo indivíduos) com conhecimentos técnicos em biotecnologia e cibertecnologia será um desafio complexo para governos e deve agravar as tensões entre liberdade, privacidade e segurança. Muito provavelmente haverá uma mudança social rumo a mais intrusão e menos privacidade. (Na verdade, o descuido das pessoas ao divulgar detalhes íntimos no Facebook e nosso consentimento com a onipresença de câmeras, indicam que essa mudança encontraria uma resistência surpreendentemente baixa.)

Bioerros e bioterrorismo são possíveis no curto prazo — dentro de 10 ou 15 anos. E no prazo mais longo serão piores, pois será possível "projetar" e sintetizar vírus — a arma "definitiva" combinaria alta letalidade com a transmissibilidade da gripe comum.

Quais avanços os biólogos poderiam nos trazer a partir de 2050? Freeman Dyson prevê uma época em que crianças desenvolverão e criarão novos organismos de maneira tão normal quanto a sua geração brincava com kits de química.[7] Se um dia for possível "brincar de Deus na mesa da cozinha", nossa ecologia (e até mesmo nossa espécie) talvez não sobreviva tanto tempo ilesa. Dyson, no entanto, não é biólogo, ele é um dos maiores físicos teóricos do século XX. Mas, ao contrário de muitas pessoas assim, ele é um pensador especulativo e divergente — demonstrando sempre suas opiniões contrárias. Por exemplo, na década de 1950 ele fez parte de um grupo que explorou o conceito especulativo "Projeto Orion". O objetivo do grupo era viabilizar viagens interestelares com espaçonaves movidas pela explosão de bombas H (propulsão por pulso nuclear) atrás de um veículo (bem protegido). Mesmo em 2018, Dyson continua cético acerca da necessidade de respostas urgentes às mudanças climáticas.

Pesquisas sobre envelhecimento estão sendo severamente priorizadas. Os benefícios serão gradativos? Ou o envelhecimento é uma "doença" que não pode ser curada? Pesquisas sérias concentram-se em telômeros, fileiras de DNA nas extremidades dos cromossomos, que diminuem conforme as pessoas envelhecem. Foi possível aumentar em 10 vezes o tempo de vida de nemátodos, mas o efeito em animais mais complexos é menos significativo. O único modo eficiente de estender a vida de ratos é colocando-os em uma dieta de quase inanição. Mas há uma criatura desinteressante, o rato-toupeira-pelado, que pode nos dar algumas lições biológicas especiais; alguns vivem por mais de 30 anos — muito mais do que vivem outros mamíferos pequenos.

Qualquer grande descoberta sobre o prolongamento da vida humana alteraria drasticamente as projeções populacionais; os efeitos sociais, obviamente enormes, dependeriam da possibilidade de os anos de senilidade também serem prolongados, e se a idade das mulheres na menopausa aumentaria com a longevidade. Mas vários tipos de melhoria humana por meio de tratamento hormonal podem tornar-se possíveis à medida que o sistema endócrino humano for melhor compreendido — e algum grau de prolongamento da vida estará provavelmente entre estas melhorias. Tal como em muitas tecnologias, as prioridades costumam ser injustamente voltadas aos ricos. E o desejo por uma maior longevidade é tão poderoso que cria um mercado pronto para terapias exóticas com eficácia não testada. Ambrosia, uma startup de 2016, oferece a executivos do Vale do Silício uma transfusão de "sangue jovem". Outra moda recente foi a metformina, uma droga destinada ao tratamento de diabetes, mas que alguns alegam combater demência e câncer; há também quem exalte os benefícios de células de placenta. Craig Venter tem uma empresa chamada Human Longevity, que recebeu 300 milhões de dólares em financiamento de startups. Isso supera a *23andMe* (empresa que analisa nosso genoma o suficiente para revelar resultados interessantes acerca de nossa vulnerabilidade a algumas doenças, e de nossa linhagem). Venter busca analisar o genoma de milhares de espécies de "bichinhos" em nosso intestino. Acredita-se (plausivelmente) que nosso "ecossistema" interno seja essencial à nossa saúde.

O "empurrãozinho" do Vale do Silício para alcançar a "juventude eterna" não vem apenas do excesso de riqueza acumulado ali, mas também por ser um lugar cuja cultura se baseia na juventude. Aqueles acima dos 30 anos são considerados "coroas". O futurista Ray Kurzweil fala com entusiasmo sobre atingir uma "velocidade de fuga" metafórica — quando a medicina avança tão rápido que a expectativa de vida aumenta em mais de um ano a cada ano, levando a uma possível imortalidade. Ele ingere mais de 100 suplementos por dia — alguns comuns, outros exóticos. Mas ele teme que essa "velocidade de fuga" não seja alcançada dentro de seu tempo de vida "natural". Então, quer que seu corpo seja congelado até que se atinja esse nirvana.

Certa vez fui entrevistado por um grupo de entusiastas da "criogenia" — situados na Califórnia — chamados de "Sociedade para a abolição da morte involuntária". Disse-lhes que preferia terminar meus dias no cemitério de uma igreja inglesa do que em uma geladeira da Califórnia. Eles me ridicularizaram como "mortista" — bem antiquado. Fiquei surpreso quando soube que três acadêmicos da Inglaterra (embora fique feliz em dizer que não são da minha universidade) aderiram à "criogenia". Dois deles pagaram pelo pacote completo; o terceiro optou pela via mais barata de contratar apenas o congelamento de sua cabeça. O contrato é feito com uma empresa chamada Alcor, em Scottsdale, Arizona. Esses colegas são realistas o suficiente pare aceitar que as chances de ressurreição podem ser pequenas, mas destacam que sem esse investimento, não existe chance. Então, eles usam um medalhão que traz instruções para congelá-los imediatamente ao morrerem e substituir seu sangue por nitrogênio líquido.

É difícil, para maioria de nós mortais, levar essa pretensão a sério; além do mais, se a criogenia tivesse uma perspectiva real de sucesso, não acho que seria algo admirável também. Se a Alcor não falisse e garantisse rigorosamente a refrigeração e a gestão pelos séculos necessários, os cadáveres seriam revividos em um mundo onde seriam estrangeiros — refugiados do passado. Talvez fossem tratados com indulgência, como achamos que devemos tratar (por exemplo) pessoas sofrendo em busca de asilo, ou tribos amazônicas que foram retiradas à força de suas terras. Mas a diferença é que os "cadáveres descongelados" se tornariam um fardo para futuras gerações por escolha própria; então não fica claro quanta consideração mereceriam. Isso relembra um dilema semelhante que pode deixar de ser ficção científica, mesmo que deva continuar sendo: clonar um Neandertal. Um dos especialistas (um professor de Stanford) indagou: "Nós o colocaríamos em um zoológico ou o enviaríamos para Harvard?"

## 2.2 CIBERTECNOLOGIA, ROBÓTICA E IA

Células, vírus e outras microestruturas biológicas são basicamente "máquinas" com componentes em escala molecular — proteínas, ribossomos e afins. Devemos as grandes evoluções na computação ao avanço rápido na capacidade de fabricar componentes eletrônicos em nanoescala, permitindo assim complexidade em nível quase biológico a ser inserida nos processadores que alimentam smartphones, robôs e redes de computadores.

Graças a esses avanços transformadores, a internet e seus complementos geraram a "penetração" mais rápida de novas tecnologias da história — e também a mais globalizada. Sua propagação na África e na China aconteceu mais rápido do que o esperado em quase todas as previsões "especializadas". Nossas vidas foram enriquecidas por bens de consumo eletrônicos e serviços online que são literalmente acessíveis a bilhões de pessoas. E o impacto nos países em desenvolvimento foi símbolo de como a aplicação otimizada da ciência pode transformar regiões carentes. Internet de banda larga, que em breve terá alcance global por meio de satélites em órbitas baixas, balões de alta altitude ou drones movidos à energia solar devem estimular ainda mais a educação e a adoção de tecnologias, métodos agrícolas e cuidados médicos modernos; mesmo os mais pobres poderão saltar para uma economia conectada e desfrutar de mídias sociais — mesmo que muitos ainda não tenham acesso aos benefícios dos avanços tecnológicos do século XIX, como o saneamento básico. Pessoas na África podem usar smartphones para acessar informações de mercado, fazer pagamentos online e assim por diante; a China tem o sistema financeiro mais automatizado do mundo. Esses avanços têm um "superavit de consumidores", fomentam empreendimentos e otimismo nos países em desenvolvimento. E tais benefícios vêm sendo ampliados por programas eficazes que visam eliminar doenças infecciosas como a malária. De acordo com o Pew Research Center, 82% dos chineses e 76% dos indianos acreditam que seus filhos viverão melhor no futuro do que eles próprios atualmente.

Hoje, os indianos têm um cartão eletrônico de identidade que facilita sua inscrição em auxílios governamentais e não precisa de senha. O padrão vascular em nossos olhos permite o uso de programas de "reconhecimento de íris" — uma melhoria substancial em relação a impressões digitais e reconhecimento facial. Ele possui precisão suficiente para identificar indivíduos, inequivocamente, dentre 1.3 bilhão de indianos. E é uma amostra dos benefícios que podem advir dos avanços futuros em IA.

Reconhecimento de fala, reconhecimento facial e aplicações similares utilizam uma técnica chamada aprendizado de máquina generalizado. Ela opera de forma semelhante a como os humanos usam seus olhos. A parte "visual" dos cérebros humanos integra informações da retina por meio de um processo multicelular. Camadas de processamento sucessivas identificam linhas horizontais e verticais, arestas finas e assim por diante; cada camada processa informações de uma camada "inferior" e passa seu resultado a outras camadas.[8]

Os conceitos básicos de aprendizado de máquina datam da década de 1980; um de seus importantes pioneiros foi o anglo-canadense Geoff Hinton. Mas as aplicações só "decolaram" mesmo duas décadas depois, quando uma operação regular da Lei de Moore — a duplicação das velocidades computacionais a cada dois anos —, fez surgir máquinas com velocidade de processamento mil vezes mais rápida. Computadores usam métodos de "força bruta". Eles aprendem a traduzir lendo milhões de páginas de (por exemplo) documentos multilíngues da União Europeia (eles nunca se cansam!). Aprendem a identificar cães, gatos e rostos humanos "vasculhando" em meio a milhões de imagens vistas de diferentes perspectivas.

Avanços empolgantes foram conduzidos pela DeepMind, uma empresa de Londres que agora pertence ao Google. Demis Hassabis, cofundador e CEO da DeepMind, teve uma carreira precoce. Aos 13 anos ele foi o segundo campeão mundial de xadrez de sua categoria. Qualificou-se para admissão em Cambridge aos 15, mas esperou 2 anos para se matricular, tempo em que trabalhou em jogos de computador, incluindo a criação do extremamente bem-sucedido Theme Park. Depois de estudar ciências da computação em Cambridge, fundou uma empresa de jogos de computador. Retornou, então, à academia e obteve um PhD na University College

London, seguido de um trabalho de pós-doutorado em neurociência cognitiva. Ele estudou a natureza da memória episódica e como estimular grupos de células cerebrais humanas em máquinas de rede neural.

Em 2016, a DeepMind obteve um feito incrível — seu computador venceu o campeão mundial do jogo Go. Isso pode não parecer "grande coisa" porque há mais de 20 anos o supercomputador Deep Blue, da IBM, derrotou Garry Kasparov, campeão mundial de xadrez. Mas isso "virou o jogo" nos sentidos coloquial e literal da expressão. O Deep Blue foi programado por jogadores experientes. Porém, a máquina AlphaGo obteve sua experiência jogando e absorvendo imensas quantidades de jogos. Seus designers não sabem como a máquina toma suas decisões. E em 2017 a AlphaGo Zero deu um passo além; deram-lhe apenas as regras — nenhum jogo de verdade — e ela aprendeu completamente do zero, atingindo nível mundial em um dia. Isso é impressionante. O trabalho científico que descreveu o feito foi concluído com o pensamento de que:

> "a humanidade acumulou conhecimento de Go das milhões de partidas que foram jogadas ao longo de milhares de anos, coletivamente filtradas em padrões, provérbios e livros. Em apenas alguns dias, começando do nada, a AlphaGo Zero foi capaz de

redescobrir muito desse conhecimento de Go, e também novas estratégias que fornecem uma nova visão ao mais velho dos jogos."[9]

Usando técnicas semelhantes, a máquina alcançou competência em xadrez ao nível de Kasparov dentro de poucas horas, sem contribuições de especialistas, e destreza semelhante em Shogi, um jogo japonês. Um computador na Universidade Carnegie Mellon aprendeu a blefar e calcular tão bem quanto os melhores jogadores profissionais de pôquer. Mas o próprio Kasparov enfatizou que, em jogos como o xadrez, humanos oferecem diferentes "valores agregados" e que uma pessoa e uma máquina, em conjunto, podem superar aquilo que realizariam separadamente.

A IA obtém sua vantagem sobre os humanos devido à sua capacidade de analisar volumes imensos de dados e manipular e responder rapidamente a entradas de dados complexos. Ela se destaca na otimização de redes elaboradas, como redes elétricas ou tráfego urbano. Quando o gerenciamento de energia de suas enormes data farms foi entregue a uma máquina, o Google declarou uma economia de 40% em energia. Mas ainda há limitações. O hardware estrutural do AlphaGo gastava centenas de quilowatts de energia. Em contrapartida, o cérebro de Lee Sedol, desafiante coreano do

AlphaGo, consome cerca de 30 watts (como uma lâmpada) e pode executar muitas outras tarefas além de jogos de tabuleiro.

Tecnologia de sensores, reconhecimento de fala, busca de informações e afins estão avançando rapidamente. E também (embora com um atraso substancial) a habilidade física. Os robôs ainda são mais desajeitados do que uma criança para mover peças de um tabuleiro de xadrez de verdade, amarrar cadarços ou aparar unhas. Mas há progresso nisso também. Em 2017, a Boston Dynamics demonstrou um robô visualmente assustador chamado Handle (um sucessor do quadrúpede Big Dog), com rodas e duas pernas, que é ágil o bastante para dar cambalhotas para trás. Mas ainda vai demorar muito até que máquinas superem ginastas humanos — ou interajam com o mundo real com a agilidade de macacos e esquilos que pulam de galho em galho — quanto menos alcançar a versatilidade geral dos humanos.

O aprendizado de máquina, possibilitado graças à crescente capacidade de processamento de dados dos computadores, é uma descoberta potencialmente estupenda. Ela permite que as máquinas se especializem — não apenas em jogos, mas em reconhecer rostos, traduzir línguas, gerenciar redes e assim por diante — sem serem detalhadamente programadas. No entanto, as implicações para a sociedade humana são ambíguas. Não há um "operador" que saiba exatamente como a máquina chega a uma decisão. Se houver um "bug" no software de um sistema IA, atualmente nem sempre é possível rastreá-lo; isso pode gerar preocupações públicas acerca de as "decisões" de um sistema terem consequências potencialmente graves para indivíduos. Se formos condenados à prisão, encaminhados para cirurgia ou tivermos até mesmo má qualificação de crédito, esperamos que as razões disso sejam acessíveis — e contestáveis. Se tais decisões fossem totalmente delegadas a um algoritmo, teríamos o direito de nos sentir desconfortáveis, ainda que nos fossem apresentadas evidências convincentes de que, na média, as máquinas tomam decisões melhores do que os humanos que elas usurparam.

A integração desses sistemas de IA tem um impacto em nosso dia a dia — e se tornará mais invasiva e universal. Registros de todos os nossos passos, interações com outras pessoas, saúde e transações financeiras estarão na "nuvem", geridas por um oligopólio multinacional. Os dados podem ser usados para fins benignos (por exemplo, para pesquisas médicas ou para nos alertar sobre riscos insipientes à saúde), mas sua disponibilidade a empresas na internet já altera o equilíbrio de poderes dos governos para o mundo comercial. Aliás, os empregadores hoje podem monitorar individualmente os trabalhadores de forma muito mais invasiva que a maioria dos tradicionais chefes autoritários ou "controladores". Haverá outras preocupações com privacidade. Você gostaria que um estranho qualquer ao seu lado em um restaurante ou transporte público pudesse, por meio de reconhecimento facial, identificá-lo e invadir sua privacidade? Ou se vídeos "falsos" com você se tornassem tão convincentes que evidências visuais não seriam mais confiáveis?

## 2.3 E QUANTO A NOSSOS EMPREGOS?

O padrão de nossas vidas — o modo como acessamos informações e entretenimento, e nossas redes sociais — já mudou em um nível que dificilmente imaginaríamos há 20 anos. Além disso, a IA está apenas nos "primeiros passos" se comparada ao que seus defensores esperam para as próximas décadas. Obviamente haverá mudanças drásticas na natureza do trabalho, que não somente nos fornece renda, mas também traz sentido a nossas vidas e comunidades. Então, o principal questionamento socioeconômico é: Essa "nova era das máquinas" será como as tecnologias transformadoras anteriores — as ferrovias ou a eletrificação, por exemplo — e criará tantos empregos quantos destruir? Ou será bem diferente desta vez?

Durante a última década, os salários de pessoas sem qualificação na Europa e na América do Norte diminuíram. Assim como a segurança dos empregos destas pessoas. Apesar disso, um fator compensatório trouxe a todos nós um maior bem-estar subjetivo: o excedente de consumidores proporcionado por um mundo digital cada vez mais universal. Smartphones e notebooks evoluíram enormemente. Valorizo o acesso à internet mais do que valorizo ter um carro, e é muito mais barato.

Claramente, as máquinas tomarão muito do trabalho de fabricação e da distribuição do varejo. Eles podem substituir muitos trabalhos de escritório: trabalhos legais cotidianos (como transferências de propriedade), contabilidade, programação de computadores, diagnósticos médicos e até mesmo cirurgias. Muitos "profissionais" terão menos demanda de suas habilidades conquistadas a duras penas. Em contrapartida, alguns trabalhos do setor de serviços qualificados — encanadores e jardineiros, por exemplo — exigirão interações não rotineiras com o mundo exterior e, portanto, estarão entre os empregos mais difíceis de automatizar. Um exemplo muito citado: Qual a vulnerabilidade dos empregos dos 3 milhões de caminhoneiros dos Estados Unidos?

Veículos autônomos podem ser rapidamente aceitos em áreas limitadas onde terão estradas exclusivas para eles — em áreas delimitadas de centros urbanos ou talvez em faixas exclusivas nas estradas. E há também a possibilidade de usar tratores autônomos em plantações e colheitas, operando fora das ruas. Mas o que não é tão claro é se os veículos automatizados serão capazes de algum dia operar com segurança quando confrontados com todas as complexidades cotidianas de condução — navegar em vias estreitas e tortuosas e compartilhar as ruas com veículos conduzidos por humanos, bicicletas e pedestres. Acredito que haverá oposição pública a isso.

Um carro totalmente autônomo seria mais seguro do que um carro com um motorista humano? Se um objeto obstruir a via à frente, ele conseguiria fazer a distinção entre um saco de papel, um cachorro ou uma criança? A alegação é de que haveria falhas, mas seriam menos que as de um motorista humano comum. Isso é verdade? Alguns diriam que sim. Se os carros se conectarem sem fios uns com os outros, aprenderiam, assim, mais rápido ao compartilhar experiências.

Por outro lado, não devemos esquecer que toda inovação é inicialmente arriscada — pense nas primeiras ferrovias, ou no uso pioneiro de procedimentos cirúrgicos que hoje são cotidianos. Quanto à segurança nas estradas, eis alguns números do Reino Unido. Em 1930, quando havia apenas um milhão de veículos em circulação, houve mais de 7 mil fatalidades; em 2017 houve cerca de 1.700 fatalidades — um número 4 vezes menor, ainda que haja cerca de 30 vezes mais veículos do que em 1930.[10] A tendência se deve em parte a estradas melhores, mas principalmente a carros mais seguros e, nos últimos anos, a sistemas de navegação baseados em satélite (satnavs) e outros aparelhos eletrônicos. Essa tendência permanecerá, fazendo com que dirigir se torne cada vez mais fácil e seguro. Mas veículos completamente automáticos dividindo estradas comuns com tráfego misto seria uma mudança realmente disjuntiva. É justo que sejamos céticos quanto à viabilidade e aceitabilidade dessa transição.

Pode demorar até que caminhoneiros e motoristas sejam desnecessários. Fazendo uma analogia, observe o que está acontecendo na aviação civil. Embora viagens aéreas já tenham sido mais perigosas, hoje são incrivelmente seguras. Em 2017, não houve sequer uma fatalidade no mundo inteiro em nenhuma companhia aérea regular. Boa parte do voo é conduzida no piloto automático; um piloto de verdade só é necessário em emergências. Mas a preocupação é de que ele não esteja alerta em um momento crucial. A queda de um avião da Air France em 2009, em rota do Rio de Janeiro a Paris, no Atlântico Sul, demonstra o que pode dar errado: os pilotos demoraram demais para assumir o controle quando houve uma emergência e, por um erro, pioraram o problema. Por outro lado, pilotos suicidas já causaram quedas devastadoras que o piloto automático não pôde evitar. Será que o público um dia embarcará tranquilo em um avião sem piloto? Eu duvido. Mas aviões sem piloto podem ser aceitáveis para fretes aéreos. Pequenos drones de entrega têm um futuro promissor; inclusive, em Singapura há planos para substituir veículos de entrega terrestres por drones voando acima das ruas. Porém, mesmo nesse caso, somos muito complacentes acerca do risco de colisões, especialmente se eles se multiplicarem. Em carros comuns, não se pode descartar erros de software e ciberataques. Já vemos a haqueabilidade de softwares e sistemas de segurança cada vez mais sofisticados encontrados em automóveis. Temos segurança para proteger a direção e os freios contra hackers?

Um benefício muito citado de carros autônomos é que seriam contratados e compartilhados em vez de adquiridos. Isso poderia reduzir a quantidade de vagas de estacionamento necessárias em cidades — confundindo os limites entre transporte público e privado. Mas o que não está claro é até onde isso vai — se o desejo de possuir um carro próprio de fato desaparecerá. Se os carros autônomos se popularizarem, impulsionarão as viagens terrestres à custa das tradicionais viagens de trem. Muitas pessoas na Europa preferem pegar um trem para uma viagem de 300 quilômetros; é menos estressante do que dirigir e deixa tempo livre para trabalhar ou ler. Mas, se tivéssemos um "chofer eletrônico" que fosse confiável durante toda a viagem, muitos iriam preferir viajar de carro e ser levados porta a porta. Isso reduziria a demanda por rotas de trem de longa distância —, mas ao mesmo tempo incentivaria a invenção de novas formas de transporte, como hyperloops interurbanos. A melhor opção, claro, seriam telecomunicações de alta qualidade que evitariam a maioria das viagens que não fossem a lazer.

A revolução digital gera enormes riquezas para um grupo de elite de inovadores e para empresas mundiais, mas a preservação de uma sociedade saudável exigirá a redistribuição dessa riqueza. Há rumores sobre usá-la para conceder uma renda universal. Os obstáculos à sua implementação são bem conhecidos, e as desvantagens sociais são assustadoras. Seria muito melhor subsidiar os tipos de trabalhos para os quais há uma ampla demanda não atendida e cujos salários e status são injustamente baixos.

É esclarecedor observar (às vezes com espanto) como aqueles que não têm restrições financeiras escolhem gastar dinheiro. Pessoas ricas valorizam serviços pessoais; contratam personal trainers, babás e mordomos. Quando são idosos, contratam cuidadores. O critério de um governo progressista deveria ser prover a todos o tipo de ajuda preferido pelos mais afortunados — aqueles que hoje têm mais opções. Para criar uma sociedade humana, os governos precisarão aumentar muito a quantidade e as condições daqueles que atuam como cuidadores; hoje são pouquíssimos, e mesmo em países ricos os cuidadores são mal pagos e inseguros em suas posições. (É verdade que robôs podem assumir certos aspectos dos cuidados rotineiros — de fato, podemos considerar menos constrangedor que tarefas rotinas básicas como banho, alimentação e evacuação sejam realizadas por um autômato. Mas aqueles que podem pagar por isso também querem a atenção de seres humanos reais.) E há outros empregos que melhorariam nossas vidas e poderiam gerar empregos bons para muito mais pessoas — por exemplo, jardineiros em parques públicos, zeladores e afins.

Não são apenas os muito jovens e muito velhos que precisam de cuidado humano. Quando tantos negócios, incluindo interações governamentais, são feitos pela internet, deveríamos nos preocupar, por exemplo, com uma pessoa deficiente que mora sozinha e precisa acessar sites para obter seus benefícios governamentais devidos, ou para encomendar itens básicos. Pense na ansiedade e frustração quando algo dá errado. Essas pessoas terão paz de espírito somente se tiverem cuidadores que sabem usar computadores para ajudar os incapacitados a lidar com a tecnologia, e garantir que obtenham ajuda e não sejam prejudicados. Do contrário, os "privados digitais" se tornarão uma nova "subclasse".

É melhor quando todos podemos executar trabalhos socialmente úteis em vez de só receber esmolas. No entanto, a típica jornada de trabalho semanal poderia ser reduzida — para até menos do que as atuais 35 horas da França. Aqueles para quem o trabalho é intrinsecamente satisfatório são incomuns e têm muita sorte. A maioria das pessoas gostaria de menos horas, o que deixaria mais tempo livre para entretenimento, socialização e para a participação em rituais coletivos — sejam religiosos, culturais ou esportivos.

Haverá também o ressurgimento de artes e artesanatos. Já vimos a ascensão de "chefs celebridades" — até mesmo cabeleireiros celebridades. Veremos mais espaço para outros ofícios, e mais respeito atribuído a seus expoentes mais talentosos. Novamente, os ricos, que têm mais liberdade de escolha, gastam muito na contratação de atividades intensamente braçais.

A erosão do trabalho rotineiro e de carreiras vitalícias estimulará o "aprendizado ao longo da vida". A educação formal, baseada em ensino feito em salas de aula e auditórios, talvez seja o setor mais resistente das sociedades pelo mundo. O aprendizado à distância por meio de cursos online talvez jamais substitua a experiência de comparecer em um colégio residencial que oferece mentorias e aulas particulares, mas se tornará um substituto mais econômico e flexível à típica "universidade de massa". Há um potencial ilimitado para o modelo inaugurado pela Open University do Reino Unido, um modelo que hoje vem sendo amplamente difundido por organizações dos EUA como Coursera e edX, nas quais acadêmicos consagrados produzem conteúdo para cursos online. Os melhores professores dessas plataformas podem se tornar estrelas globais da internet. Esses cursos serão melhorados pela personalização que a IA será cada dia mais capaz de oferecer. Aqueles que se tornam cientistas costumam atribuir sua motivação inicial à internet ou à mídia em vez de instruções em sala de aula.

O estilo de vida que um mundo mais automatizado oferece parece bom — de fato atraente — e poderia, a princípio, promover satisfação a nível escandinavo por toda a Europa e América do Norte. Entretanto, cidadãos dessas nações privilegiadas estão ficando muito menos isolados das partes carentes do mundo. A menos que a desigualdade entre os países seja reduzida, a amargura e a instabilidade se agravarão porque os pobres ao redor do mundo estão agora, graças à TI e às mídias, muito mais cientes de tudo que lhes falta. Avanços técnicos poderiam ampliar as interferências internacionais. Além disso, se a robótica tornar economicamente viável que países ricos mantenham o processo de manufatura dentro de suas fronteiras, o impulso transitório, mas crucial, no desenvolvimento que os "tigres" do extremo oriente receberam graças ao corte de custos de trabalho ocidental será negado às nações ainda pobres da África e do Oriente Médio, levando a desigualdades mais persistentes.

A natureza da migração também mudou. Cem anos atrás a decisão de um indivíduo europeu ou asiático de se mudar para a América do Norte ou Austrália significava cortar laços com sua cultura nativa e familiares. Havia, portanto, um incentivo a integrar-se a uma nova sociedade. Em contrapartida, chamadas de vídeo diárias e contato por mídias sociais hoje permitem que, caso queiram, imigrantes continuem vinculados à cultura de sua terra natal, e viagens intercontinentais acessíveis podem sustentar contatos pessoais.

Lealdades e divisões religiosas e nacionais persistirão (ou serão até mesmo fortalecidas pelos ecos da internet) apesar da maior mobilidade e menor sentimentalismo acerca de "lugar". Os nômades do mundo tecnocrático crescerão em número. Os pobres verão que "seguir o dinheiro" é sua melhor esperança — migrando legal ou ilegalmente. Tensões internacionais aumentarão.

Se há, de fato, um risco crescente de conflitos gerados por ideologia ou por percepção de desigualdade injusta, ele será agravado pelo impacto de novas tecnologias em guerras e no terrorismo. No mínimo durante os últimos dez anos, vimos matérias na TV sobre drones ou foguetes atacando alvos no Oriente Médio. Eles são controlados em porões nos Estados Unidos — por indivíduos ainda mais distantes das consequências de seus atos do que aviadores fazendo bombardeios. O mal-estar ético que isso promove é de certa forma suavizado por alegações de que ataques com maior precisão reduzem danos colaterais. Mas, pelo menos, há um humano "no comando" que decide quando e onde atacar. Em contrapartida, hoje existe a possibilidade de armas autônomas, que podem buscar um alvo — usando reconhecimento facial para identificar indivíduos e então matá-los. Isso seria um precursor da guerra automatizada — um avanço que gera preocupações profundas. Possibilidades de curto prazo incluem metralhadoras automáticas; drones, veículos ou submarinos blindados que podem identificar alvos, decidir se devem abrir fogo e aprender durante o processo.

Há uma preocupação crescente sobre "robôs assassinos". Em agosto de 2017, os líderes das 100 maiores companhias nesse ramo assinaram uma carta aberta exigindo que a ONU torne "armas letais autônomas" ilegais, assim como convenções internacionais restringem o uso de armas químicas e biológicas.[11] Os signatários alertam sobre um campo de batalha eletrônico "em uma escala maior do que nenhuma anterior, e em prazos mais rápidos que a compreensão humana". Continua incerta qual a eficiência de tal tratado; assim como no caso das armas biológicas, as nações podem buscar essas tecnologias por supostos motivos de "defesa" e por receio de que nações rebeldes ou grupos extremistas ainda continuem com tais desenvolvimentos.

Essas são preocupações de curto prazo, cujas principais tecnologias já são compreendidas. Mas vamos agora olhar mais adiante.

## 2.4 INTELIGÊNCIA A NÍVEL HUMANO?

Os cenários discutidos na última seção estão em um futuro próximo o bastante para haver planejamento e adequação a eles. Mas e quanto às perspectivas de longo prazo? Elas são mais obscuras e não há consenso entre os especialistas sobre a velocidade de avanço de inteligência das máquinas — e, de fato, quais podem ser os limites da IA. Parece plausível que uma IA conectada à internet possa "varrer" o mercado de ações analisando muito mais dados muito mais rapidamente do que qualquer ser humano. Até certo ponto, é isso que fundos especulativos quantitativos já fazem. Mas, para interações com humanos, ou mesmo com o ambiente complexo e em mudança rápida encontrado por um carro autônomo em uma estrada comum, capacidade de processamento não é o suficiente; os computadores precisariam de sensores para permitir que vissem e ouvissem tão bem quanto os seres humanos e softwares para processar e interpretar o que os sensores transmitem.

Mas isso também não seria suficiente. Os computadores aprendem de um "conjunto de treinamento" de atividades semelhantes, onde o sucesso é imediatamente "recompensado" e reforçado. Computadores jogadores disputam milhões de partidas; computadores que interpretam fotos especializam-se estudando milhões de imagens; para carros autônomos se capacitarem assim, precisariam comunicar-se uns com os outros, para compartilhar e atualizar seus conhecimentos. Mas aprender sobre comportamento humano envolve observar pessoas de verdade em lares ou locais de trabalho reais. A máquina se sentiria sensorialmente privada pela lentidão da vida real e ficaria confusa. Citando Stuart Russel, um expoente teórico da IA, "ele poderia tentar todo tipo de coisas: fazer ovos mexidos, empilhar blocos de madeira, roer fios, colocar o dedo na tomada. Mas nada produziria um circuito de retorno forte o suficiente para convencer um computador de que ele estaria no rumo certo e conduzi-lo a sua próxima ação necessária".[12]

Somente quando essa barreira puder ser superada as IA serão realmente percebidas como seres inteligentes, com os quais (ou com quem) podemos nos identificar, pelo menos em algumas questões, como fazemos com outras pessoas. E seus "pensamentos" e reações muito mais rápidos poderiam lhes dar vantagem sobre nós.

Alguns cientistas temem que computadores possam desenvolver "mentes próprias" e investir em metas hostis à humanidade. Uma poderosa IA futurística continuaria dócil ou se "rebelaria"? Ela entenderia as metas e razões humanas e se alinharia a elas? Ela aprenderia ética e bom senso suficientes para que "soubesse" quando devem se sobrepor a suas outras razões? Se pudesse infiltrar-se na internet das coisas, ela poderia manipular o resto do mundo. Seus objetivos podem ser contrários aos anseios humanos, ou pode até mesmo tratar os humanos como estorvos. A IA deve ter um "objetivo", mas a real dificuldade é incutir "bom senso". Uma IA não deveria buscar sua meta obsessivamente e deveria estar pronta para desistir de seus esforços em vez de violar normas éticas.

Os computadores vão melhorar enormemente as habilidades matemáticas e talvez até mesmo a criatividade. Nossos smartphones já nos poupam da tarefa de lembrar de coisas cotidianas e nos dão acesso quase instantâneo às informações do mundo. Logo a tradução de idiomas será algo corriqueiro. O próximo passo poderia ser "plugar" mais memória ou adquirir habilidades linguísticas com inserção direta no cérebro — apesar de a viabilidade disso não ser clara. Se pudéssemos expandir nossos cérebros com implantes eletrônicos, poderíamos conseguir transferir nossos pensamentos e memórias para uma máquina. Se as tendências técnicas atuais seguirem sem impedimentos, então algumas pessoas ainda vivas poderiam alcançar a imortalidade — pelo menos no sentido limitado de que seus pensamentos e memórias transferidos poderiam ter um tempo de vida independente de seus corpos atuais. Aqueles que buscam esse tipo de vida eterna irão, no linguajar espiritualista clássico, "atravessar para o outro lado".

Então, nós confrontamos o problema filosófico clássico de identidade pessoal. Se seu cérebro fosse transferido para uma máquina, em que sentido ela ainda seria "você"? Você se sentiria confortável quanto à posterior destruição do seu corpo? O que aconteceria se diversos "clones" fossem fabricados a partir de "você"? E será que a contribuição de nossos órgãos sensoriais, e as interações físicas com o mundo externo real, são tão essenciais a nossa existência que essa transição seria não apenas repugnante como também impossível? Esses são dilemas antigos para filósofos, mas os especialistas em ética talvez precisem lidar com eles em breve porque podem ser relevantes a escolhas que humanos reais terão que fazer ainda neste século.

Acerca de todas as especulações pós-2050, não sabemos onde fica a fronteira entre o que pode acontecer e o que continuará como ficção científica — assim como não sabemos se devemos levar a sério a visão de Freeman Dyson sobre biohacking infantil. Há pontos de vista amplamente divergentes. Alguns especialistas, por exemplo, Stuart Russel, em Berkeley, e Demis Hassabis, da DeepMind, acreditam que o campo da IA, assim como biotecnologia sintética, já precisa de diretrizes para "inovações responsáveis". Além do mais, o fato de que a AlphaGo atingiu a meta que seus criadores acreditavam que demoraria muitos anos a mais para alcançar deixou o pessoal da DeepMind ainda mais confiante acerca da velocidade dos avanços. Mas outros, como o especialista em robôs, Rodney Brooks (criador do robô Baxter e do aspirador de pó Roomba), acham que essas questões estão muito longe de sua concretização para valerem a preocupação — eles continuam mais preocupados com bobagens do que com a inteligência artificial. Empresas como Google, trabalhando lado a lado com universidades e governo, comandam a pesquisa em IA. Esses setores agora falam com uma só voz destacando a necessidade de promover uma IA "robusta e benéfica", mas podem surgir tensões quando a IA sair da fase de pesquisa e desenvolvimento e se tornar uma possível mina de ouro enorme para empresas mundiais.

Mas importa que os sistemas de IA tenham pensamentos conscientes como os dos humanos? Na visão do pioneiro da ciência da computação, Edsger Dijkstra, não há dúvida: "Perguntar se as máquinas podem pensar é uma tão relevante quanto perguntar se os submarinos podem nadar." Tanto uma baleia quanto um submarino se deslocam pelas águas, entretanto, o fazem de maneiras fundamentalmente diferentes. Mas para muitos é extremamente importante o fato de as máquinas serem autoconscientes. Em um cenário (ver seção 3.5) em que a evolução futura seja dominada por entidades eletrônicas em vez de terem o hardware "úmido" que temos em nossos crânios, seria deprimente caso fôssemos superados em competência por "zumbis" que não conseguiriam apreciar as maravilhas do universo que habitam e nem "sentir" o mundo externo como os humanos. Seja como for, a sociedade será transformada por robôs autônomos, apesar de não haver consenso acerca de terem o que chamamos de entendimento real ou se serão "sábios idiotas" — com competência sem compreensão.

Um robô superinteligente suficientemente versátil poderia ser a última invenção que os humanos precisariam criar. Uma vez que as máquinas superassem a inteligência humana, poderiam desenvolver e montar uma nova geração de máquinas ainda mais inteligentes. Algumas das "bases" da ciência especulativa que confundem os físicos hoje — viagem no tempo, dobras espaciais e o ultracomplexo — podem ser obtidos pelas novas máquinas, transformando fisicamente o mundo. Ray Kurzweil (mencionado na seção 2.1 ligado à criogenia) alega que isso poderia levar a uma explosão descontrolada de inteligência: a "singularidade".[13]

Poucas pessoas duvidam que as máquinas um dia superarão as capacidades humanas mais peculiares; as divergências estão na velocidade da viagem, não em sua direção. Se os entusiastas da IA forem justificados, pode demorar apenas décadas para que humanos de carne e osso sejam superados — ou pode demorar séculos. Mas, em comparação às eras de tempo evolutivo que levaram ao surgimento da humanidade, isso é um mero piscar de olhos. Esta não é uma projeção fatalista. É motivo de otimismo. A civilização que nos substituir poderia obter avanços inimagináveis — feitos que talvez nem possamos entender. Analisarei horizontes além da Terra no capítulo 3.

## 2.5 RISCOS REALMENTE EXISTENCIAIS?

Nosso mundo depende cada vez mais de redes complexas: redes elétricas, controle de tráfego aéreo, finanças internacionais, fabricação mundialmente distribuída e afins. A menos que essas redes sejam extremamente resilientes, seus benefícios poderiam ser superados por panes catastróficas (embora raras) — análogas ao que houve na crise financeira global de 2008. Cidades ficariam paralisadas sem eletricidade — as luzes se apagariam, mas essa nem de longe seria a consequência mais séria. Em questão de poucos dias, nossas cidades seriam inabitáveis e arcaicas. Viagens aéreas podem disseminar uma pandemia mundial em dias, causando caos nas megacidades dos países em desenvolvimento. E as mídias sociais podem espalhar pânico, rumores e pragas econômicas, literalmente, na velocidade da luz.

Quando percebemos o poder das biotecnologias, robóticas, cibertecnologias e IA — e, mais ainda, seus potenciais nas próximas décadas — não conseguimos conter a ansiedade acerca de como essas habilidades poderiam ser mal aproveitadas. Os registros históricos mostram episódios em que “civilizações” desmoronaram e foram até extintas. Nosso mundo é tão interligado que é improvável que uma catástrofe possa atingir qualquer região sem uma cascata de consequências mundiais. Pela primeira vez, precisamos considerar um colapso — social ou ecológico — que seria realmente um retrocesso mundial para a civilização. Poderia ser temporário. Por outro lado, poderia ser tão devastador (e poderia implicar em tanta degradação ambiental ou genética) que os sobreviventes talvez jamais conseguissem regenerar uma civilização aos níveis atuais.

Mas isso levanta a dúvida: Poderia haver uma classe separada de eventos extremos que seriam "cortinas" para nós — catástrofes que poderiam extinguir toda a humanidade ou mesmo toda a vida? Físicos que participaram do Projeto Manhattan durante a Segunda Guerra Mundial levantaram esse tipo de preocupação homérica. Poderíamos afirmar com certeza que uma explosão nuclear não incendiaria toda a atmosfera e oceanos do mundo? Antes da Experiência Trinity em 1945, da primeira bomba atômica no Novo México, Edward Teller e dois colegas seus trataram essa questão em um cálculo que foi publicado (muito mais tarde) pelo Los Alamos Laboratory; eles convenceram a si mesmos de que havia um grande fator de segurança. E felizmente estavam certos. Agora sabemos com certeza que uma só arma nuclear, embora devastadora, não poderia disparar uma reação nuclear em cadeia que poderia destruir completamente a Terra ou sua atmosfera.

Mas e quanto a experimentos ainda mais extremos? Físicos buscam entender as partículas que compõem o mundo e as forças que as governam. Eles desejam investigar as energias, pressões e temperaturas mais extremas; para esse propósito, constroem máquinas enormes e especializadas — aceleradores de partículas. A melhor maneira de produzir uma concentração intensa de energia é acelerar átomos a velocidades altíssimas, próximas à da luz, e fazê-los colidir. Quando dois átomos colidem, os prótons e nêutrons que os constituem implodem atingindo densidade e pressão muito maiores do que quando estavam comprimidos em um núcleo normal, liberando os quarks que os compõem. Eles podem, então, fragmentar-se em partículas ainda menores. As condições replicam, no microcosmo, aquelas que predominaram no primeiro nanossegundo após o big bang.

Alguns físicos levantaram a possibilidade de que esses experimentos poderiam fazer algo muito pior — destruir a Terra ou até mesmo o universo inteiro. Talvez poderia se formar um buraco negro e sugar tudo ao seu redor. Segundo a teoria da relatividade de Einstein, a energia necessária para formar até mesmo o menor buraco negro excederia muito o que essas colisões poderiam gerar. Algumas teorias novas, no entanto, se valem de outras dimensões espaciais além das três comuns a nós; uma consequência disso seria fortalecer a aderência da gravidade, diminuindo a dificuldade para um objeto pequeno implodir em um buraco negro.

A segunda possibilidade assustadora é de que os quarks se reorganizariam de volta em objetos comprimidos chamados strangelets. Isso por si só seria inofensivo. No entanto, sob algumas hipóteses, um strangelet poderia, por contágio, converter qualquer coisa que encontrasse em uma nova forma de matéria, transformando a Terra inteira em uma esfera hiperdensa de cerca de cem metros de diâmetro.

O terceiro risco desses experimentos de colisão é ainda mais exótico, e possivelmente o mais desastroso de todos: uma catástrofe que engoliria o próprio espaço. O espaço sideral — que os físicos chamam de "vácuo" — é mais do que só o nada. É uma arena para tudo que acontece; ele comporta todas as forças e partículas latentes que governam o mundo físico. É o repositório de energia escura que controla o destino do universo. O espaço pode existir em diferentes "fases", assim como a água pode existir de três formas: gelo, líquido ou vapor. Além do mais, o vácuo presente poderia ser frágil e instável. A analogia aqui é com água que foi "super-refrigerada". A água pode ser resfriada abaixo de seu ponto de fusão se estiver pura e inerte; no entanto, basta apenas uma perturbação localizada — por exemplo, um grão de poeira que a toque — para causar a conversão da água super-refrigerada em gelo. Do mesmo modo, especula-se que a energia concentrada criada por meio da colisão de partículas poderia causar uma "transição de fase" que rasgaria o tecido espacial. Isso seria uma calamidade cósmica — não apenas terrestre.

As teorias mais aceitas são reconfortantes; elas sugerem que os riscos do tipo de experimento dentro de nossas capacidades atuais são zero. No entanto, físicos podem sonhar com teorias alternativas (e escrever equações para elas) que sejam coerentes com tudo que sabemos, e portanto não podem ser totalmente descartadas, o que poderia permitir que uma ou outra dessas catástrofes acontecesse. Essas teorias alternativas podem não ser as favoritas, mas são inacreditáveis o suficiente para que não nos preocupemos?

Físicos foram pressionados (a meu ver com razão) a tratarem desses "riscos existenciais" especulativos quando potentes novos aceleradores foram ativados no Brookhaven National Laboratory e no CERN, em Genebra, gerando concentrações de energia sem precedentes. Felizmente, pode-se oferecer novas garantias; de fato, eu fui uma das pessoas que destacaram que "raios cósmicos" — partículas com energia muito maiores do que as que podem ser geradas nos aceleradores — colidem frequentemente na galáxia, mas não rasgaram o universo.[14] E penetraram estrelas muito densas sem causar sua conversão em strangelets.

Então qual deveria ser nossa aversão aos riscos? Há quem defenda que a chance de 1 em 10 milhões contra um desastre existencial seria suficiente, porque está abaixo da chance de que no ano seguinte um asteroide grande o suficiente para causar devastação global atingiria a Terra. (Isso é como discutir que o efeito cancerígeno da radiação artificial é aceitável se não chegar a duplicar o risco radioativo natural do radônio em rochas locais, por exemplo.) Mas, para alguns, esse limite parece não ser rigoroso o suficiente. Se houver uma ameaça à Terra inteira, o público poderia devidamente exigir garantias de que a probabilidade seja menor do que uma em um bilhão — ou mesmo uma em um trilhão — antes de sancionar tal experimento se o propósito fosse simplesmente sanar a curiosidade de físicos teóricos.

Podemos dar tais garantias com credibilidade? Podemos calcular as probabilidades de o Sol não nascer amanhã, ou de tirar 6 em um dado comum 100 vezes seguidas, porque estamos confiantes em nossa compreensão dessas coisas. Mas se nossa compreensão for frágil — como de fato é, diante das fronteiras da física — não poderemos determinar de fato uma probabilidade, ou afirmar com confiança que algo seja improvável. É presunção confiar em quaisquer teorias sobre o que acontece quando átomos colidem com energia jamais vista. Se um comitê congressional perguntasse: "Você está mesmo alegando que há menos de uma chance em um bilhão de você estar errado?" Eu ficaria desconfortável em dizer que sim.

Mas, por outro lado, se um congressista perguntasse: "Este experimento poderia revelar uma descoberta transformadora que — por exemplo — forneceria uma nova fonte de energia ao mundo?" Eu novamente apostaria contra isso. A questão, então, é a relativa possibilidade desses dois eventos improváveis — um extremamente benéfico; o outro catastrófico. Arriscaria dizer que o "lado bom" — um benefício para a humanidade — embora extremamente improvável, seria muito menos provável do que o cenário de "catástrofe universal". Tais ideias eliminariam qualquer possível remorso quanto a prosseguir com os experimentos — mas é impossível quantificar as probabilidades relativas. Então, pode ser difícil criar uma situação tranquilizadora convincente para essa barganha faustiana. Inovações costumam ser perigosas, mas se não assumirmos os riscos podemos abdicar dos benefícios. A aplicação do "princípio da precaução" tem um custo de oportunidade — "o custo oculto de dizer não".

Todavia, os físicos deveriam ser prudentes ao conduzir experimentos que geram condições inéditas, mesmo no cosmo. Da mesma forma, biólogos deveriam evitar a criação de agentes patogênicos geneticamente modificados que sejam potencialmente devastadores, ou modificações de ampla escala na linha germinal humana. Especialistas em cibernética estão cientes do risco de uma pane em cascata na infraestrutura global. Inovadores que estão aumentando os usos benéficos de IA avançada devem evitar cenários em que uma máquina "domina". Muitos de nós temos a tendência a considerar esses riscos como ficção científica —, mas dados os riscos eles não devem ser ignorados, ainda que sejam considerados altamente improváveis.

Esses exemplos de riscos quase existenciais também ilustram a necessidade de conhecimento interdisciplinar, e da interação adequada entre especialistas e o público. Além do mais, garantir que novas tecnologias sejam adequadamente exploradas exigirá que as comunidades pensem globalmente e em um contexto de prazo mais longo. Essas questões éticas e políticas serão mais discutidas no capítulo 5.

E, a propósito, a prioridade que devemos ter em mente ao evitar desastres verdadeiramente existenciais, depende de uma questão ética que foi discutida pelo filósofo Derek Parfit: os direitos daqueles que ainda não nasceram. Imagine dois cenários: o cenário *A* erradica 90% da humanidade; o cenário *B*, 100%. O quanto B é pior do que A? Alguns diriam que é 10% pior: o número de mortes seria 10% maior. Mas Parfit discutiria que *B* é *incomparavelmente* pior, porque a extinção humana impede a existência de bilhões, talvez até trilhões de pessoas no futuro — e de fato um futuro pós-humano sem fim que se estenderia muito além da Terra.[15] Alguns filósofos criticam o argumento de Parfit, negando que "pessoas possíveis" deveriam ser consideradas da mesma forma que as existentes ("Queremos deixar pessoas mais felizes, não deixar mais pessoas felizes"). E, mesmo se alguém levar a sério um desses ingênuos argumentos, deve-se notar que se já existiram alienígenas (ver seção 3.5), a expansão terrestre, pela compressão de seus habitats, poderia contribuir negativamente com o "contentamento cósmico" geral!

Entretanto, desconsiderando esses jogos intelectuais sobre "pessoas possíveis", a perspectiva de um fim à história da humanidade entristeceria aqueles que estão vivos hoje. A maioria de nós, cientes da herança que recebemos de gerações anteriores, ficaria deprimida se acreditasse que não haveria muitas gerações a seguir.

(Isso é uma megaversão dos problemas que surgem na política climática, discutida na seção 1.5, onde é controverso o quanto devemos considerar aqueles quem ainda não nasceram, mas viverão daqui a um século. Isso também influencia nossa atitude frente ao crescimento populacional mundial.)

Mesmo que apostássemos contra a possibilidade de um experimento em acelerador ou um desastre genético destruírem a humanidade, acho que vale considerar tais cenários como um "exercício intelectual". Não temos base para presumir que ameaças humanas bem piores do que aquelas em nosso atual histórico de riscos possam ser descartadas. Fato é que não temos base alguma para confiar que sobreviveríamos ao pior que as tecnologias futuras poderiam trazer. Uma máxima importante é: "Desconhecido não é o mesmo que improvável."[16]

Essas questões éticas estão longe de serem "cotidianas", mas não é prematuro considerá-las — é bom que alguns filósofos já estejam fazendo isso. Mas elas também desafiam cientistas. Na verdade, elas sugerem um motivo a mais para tratar questões do mundo físico que podem parecer ocultas e remotas: a estabilidade do próprio espaço, o surgimento da vida, e a dimensão e natureza do que podemos chamar de "realidade física".

Tais ideias nos levam de um foco terrestre a uma perspectiva mais cósmica, que será o tema do próximo capítulo. Apesar do "glamour" das viagens espaciais humanas, o espaço é um ambiente hostil ao qual os humanos são mal adaptados. Então, é aí que os robôs, capacitados pela IA a nível humano, terão o escopo maior, e onde humanos podem usar técnicas biológicas e cibernéticas para evoluir além.

# 3

# A HUMANIDADE SOB UMA PERSPECTIVA CÓSMICA

## 3.1 A TERRA SOB UM CONTEXTO CÓSMICO

Em 1968, o astronauta Bill Anders, da Apollo 8, fotografou o "Nascer da Terra", mostrando a Terra, ao longe, brilhando sobre o horizonte lunar. Ele não imaginava que aquela imagem se tornaria ícone do movimento ambiental global. Ela exibia a delicada biosfera da Terra, em contraste com a paisagem lunar estéril onde um ano depois Neil Armstrong daria seu "pequeno passo". Outra foto famosa foi tirada em 1990 pela sonda *Voyager 1* a 6 bilhões de quilômetros de distância. A Terra era um "pálido ponto azul", que inspirou o pensamento de Carl Sagan:[1]

> Olhem de novo esse ponto. É aqui. É a nossa casa. Somos nós. Nele, todos que você ama, todos que conhece, todos de quem já tenha ouvido falar, cada ser humano que já existiu, viveram as suas vidas... Todos os santos e pecadores na história da nossa espécie viveram ali — em um grão de pó suspenso num raio de sol.
>
> Nosso planeta é um ponto solitário na imensa escuridão cósmica que nos cerca. Não há indícios de que vá chegar ajuda de outro lugar para nos salvar de nós mesmos — A Terra é o único mundo até então conhecido a abrigar vida. Gostemos ou não, por enquanto é na Terra que marcamos nossa posição.

Esses sentimentos ecoam até hoje; de fato, há discussões sérias sobre como a exploração cósmica muito além do sistema solar, feita por máquinas se não por humanos, poderia se tornar realidade — ainda que em um futuro remoto. (A *Voyager 1* ainda está, depois de mais de 40 anos, nos arredores do sistema solar. Demorará mais dezenas de milhares de anos para alcançar a estrela mais próxima.)

Desde Darwin, temos consciência da longa história da Terra. Ele conclui *A Origem das Espécies* com essas famosas palavras: "Ora, enquanto nosso planeta, obedecendo à lei fixa da gravitação, continua a girar na sua órbita, uma quantidade infinita de belas e admiráveis formas, saídas de um começo tão simples, não têm cessado de se desenvolver e desenvolvem-se ainda." Hoje, especulamos sobre períodos de tempo igualmente longos rumo ao futuro, e estes serão os temas deste capítulo.

O "começo simples" de Darwin — a Terra jovem — possui estrutura e clima complexos. Astrônomos visam sondá-lo mais além do que Darwin e os geólogos conseguiram — até a origem dos planetas, estrelas e dos átomos que os constituem.

Todo nosso sistema solar condensou-se a partir de um disco giratório de gás e poeira há cerca de 4.5 bilhões de anos. Mas de onde vieram os átomos — por que átomos de oxigênio e ferro são comuns, mas átomos de ouro não são? Darwin não entenderia completamente essa questão; em sua época, a mera existência de átomos era controversa. Mas hoje sabemos que não só compartilhamos uma origem comum, e muitos genes, com toda a teia de vida da Terra, como também estamos ligados ao cosmo. O Sol e as estrelas são reatores de fusão nucelar. Obtêm sua energia da fusão de hidrogênio em hélio, e de hélio em carbono, oxigênio, fósforo, ferro e outros elementos da tabela periódica. Quando as estrelas morrem, expelem material "processado" de volta no espaço interestelar (por meio de explosões de supernova, no caso de estrelas grandes). Parte do material é então reciclado e forma novas estrelas. O Sol era uma dessas estrelas.

Um átomo de carbono comum, em uma das trilhões de moléculas de $CO_2$ que inalamos sempre que respiramos, tem uma história interessante que remonta a mais de 5 bilhões de anos atrás. O átomo talvez tenha sido liberado na atmosfera quando um pedaço de carvão foi queimado — um pedaço que era resto de uma árvore de uma floresta primitiva há 200 milhões de anos — e que antes disso fez um ciclo entre a crosta terrestre, a biosfera e os oceanos, desde a formação do nosso planeta. Voltando ainda mais no tempo, descobriríamos que aquele átomo foi forjado em uma antiga estrela que explodiu, ejetando átomos de carbono que vagaram no espaço interestelar, condensando-se em um protossistema solar e eventualmente na jovem Terra. Somos literalmente as cinzas de estrelas mortas há muito tempo — ou (menos dramaticamente) o dejeto nuclear do combustível que alimentava o brilho das estrelas.

A astronomia é uma ciência antiga — talvez a mais antiga, fora a medicina (e defendo que a primeira fez mais bem do que mal — melhorando o calendário, a contagem do tempo e a navegação). E nas últimas décadas a exploração cósmica tem tido sucesso. Há pegadas humanas na Lua. Sondas robóticas em outros planetas enviaram imagens de mundos variados e fascinantes — e pousaram em alguns deles. Telescópios modernos ampliaram nossos horizontes cósmicos. E esses telescópios revelaram um "zoológico" de objetos extraordinários —buracos negros, estrelas de nêutrons e explosões colossais. Nosso Sol está integrado à nossa galáxia, a Via Láctea, que contém mais de 100 bilhões de estrelas, que orbitam um ponto central onde um enorme buraco negro se esconde. E esta é só uma das 100 bilhões de galáxias visíveis por telescópios. Já detectamos até "ecos" do "big bang" que originou nosso universo em expansão há 13,8 bilhões de anos. Foi assim que o universo nasceu — e, com ele, todas as partículas básicas da natureza.

Teóricos "de poltrona", como eu, têm pouco crédito por esse progresso; ele se deve principalmente a melhorias em telescópios, veículos espaciais e computadores. Graças a esses avanços estamos começando a entender a cadeia de eventos pela qual, em um misterioso começo, onde tudo estava comprimido em temperaturas e densidades imensas, átomos, estrelas, galáxias e planetas surgiram — e, como em um planeta, a Terra, os átomos se reuniram para formar os primeiros seres vivos, iniciando a evolução darwiniana que levou a criaturas como nós, capazes de examinar o mistério disso tudo.

A ciência é uma cultura verdadeiramente global — atravessando todas as fronteiras de fé e nacionalidade. Isso é verdade especialmente para a astronomia. O céu noturno é o aspecto mais universal de nosso ambiente. Ao longo da história da humanidade, pessoas do mundo inteiro observaram as estrelas — interpretando-as de diferentes maneiras. Apenas na última década o céu noturno se tornou muito mais interessante do que era para nossos ancestrais. Descobrimos que a maioria das estrelas não são apenas luzinhas piscantes, mas são orbitadas por planetas, assim como o Sol. Surpreendentemente, nossa galáxia possui milhões de planetas como a Terra — planetas que parecem habitáveis. Mas seriam eles habitados — há vida, talvez até inteligente, lá fora? É difícil imaginar uma pergunta mais importante para compreender nosso lugar no esquema cósmico das coisas.

Graças à cobertura ostensiva da mídia, fica claro que essas questões fascinam milhões. É gratificante para astrônomos (e para aqueles em setores como ecologia) que sua área atraia tamanho interesse popular. Eu teria muito menos satisfação com minha pesquisa se pudesse discuti-la apenas com alguns poucos colegas especialistas. Além do mais, o assunto tem uma imagem positiva e inofensiva — ao contrário da ambivalência pública sobre robótica, genética ou física nuclear, por exemplo.

Se eu estiver em um avião e não quiser conversar com a pessoa ao meu lado, um ótimo jeito de encerrar conversas seria dizer "sou matemático". No entanto, dizer "sou astrônomo" normalmente atrai interesse. E o questionamento número um normalmente é "você acredita em alienígenas ou estamos sozinhos?" Esse tópico me fascina também, então estou sempre disposto a discuti-lo. E ele possui outra virtude como tópico de conversas. Ninguém sabe a resposta ainda, então é uma barreira a menos entre o "especialista" e os curiosos. Não há nada de novo nesse fascínio; mas agora, pela primeira vez, temos esperança de obter uma resposta.

Especulações sobre a "pluralidade de mundos desabitados" remetem à antiguidade. Dos séculos XVII ao XIX, havia grande suspeita de que outros planetas do sistema solar fossem habitados. As discussões eram mais teológicas do que científicas. Ilustres pensadores do século XIX alegavam que a vida deve transcender o cosmo, porque do contrário os vastos confins do espaço seriam um desperdício dos esforços do Criador. Uma crítica divertida a tais ideias aparece no impressionante livro *Man's Place in the Universe* [*O Lugar do Homem no Universo,* em tradução livre], de Alfred Russel Wallace, cocriador da teoria da seleção natural.[2] Wallace é especificamente mordaz com o físico David Brewster (lembrado pelos físicos pelo "ângulo de Brewster" em óptica) que conjeturava com igual embasamento que mesmo a Lua seria habitada. Brewster argumentava em seu livro *More Worlds Than One* [*Mais Mundos Além de Um,* em tradução livre], que se a Lua "fosse destinada a ser apenas uma lâmpada para nossa Terra, não haveria motivo para cobrir sua superfície com amplas montanhas e vulcões extintos e cobri-la com emendas enormes de matéria que reflete diferentes quantidades de luz e lhe concede a aparência de mares e continentes. Seria uma lâmpada melhor se fosse uma peça lisa de calcário".

No fim do século XIX, muitos astrônomos estavam tão convencidos de que havia vida em outros planetas do sistema solar que um prêmio de 100 mil francos foi oferecido à primeira pessoa que fizesse contato. E o prêmio excluía especificamente o contato com marcianos — que foi considerado fácil demais! A alegação errônea de que Marte era repleto de canais foi considerada como prova positiva para vida inteligente no planeta vermelho.

A era espacial trouxe novidades esclarecedoras. Comprovou-se que Vênus, um planeta nebuloso que prometia ser um exuberante mundo de pântanos tropicais, na verdade é um inferno devastador e cáustico. Mercúrio é uma rocha borbulhante esburacada. Mesmo Marte, o planeta mais parecido com a Terra, hoje revela-se como um deserto frígido com uma atmosfera muito rarefeita.

A sonda *Curiosity*, da NASA, pode, no entanto, ter encontrado água lá. E detectou emissões de gás metano sob a superfície — talvez da decomposição de organismos que viveram há muito tempo — embora hoje pareça não haver vida interessante ali.

Nos objetos ainda mais frios e distantes do Sol, a aposta inteligente seria na Europa, uma das luas de Júpiter, e na Enceladus, uma lua de Saturno. Elas são cobertas de gelo, e poderia haver criaturas nadando em oceanos sob a superfície; sondas espaciais estão sendo projetadas para procurá-las. E poderia haver também vida exótica nos lagos de metano em Titã, outra das luas de Saturno. Mas ninguém pode ser otimista.

Dentro do sistema solar, a Terra é o planeta Cachinhos Dourados — nem muito quente, nem muito frio. Se fosse muito quente, mesmo a vida mais resistente fritaria. Mas, se fosse muito frio, os processos que criaram e sustentaram a vida teriam acontecido muito vagarosamente. A descoberta de formas de vida ainda que vestigiais em algum lugar do sistema solar teria importância histórica. Tal descoberta nos mostraria que a vida não foi uma mera casualidade, mas sim algo espalhado pelo cosmo. No momento, conhecemos apenas um lugar onde a vida começou — a Terra. É logicamente possível (inclusive há quem alegue ser plausível) que a origem da vida exija contingências tão especiais a ponto de acontecer só uma vez em nossa galáxia inteira. Mas, se surgiu duas vezes no mesmo sistema planetário, então talvez seja comum.

(Há uma ressalva importante: antes de esboçar essa inferência acerca da onipresença da vida, devemos nos certificar de que as duas formas de vida tenham surgido independentemente em vez de terem sido transportadas de um local a outro. Por esse motivo, a vida sob o gelo de Europa solucionaria o caso melhor do que a vida em Marte, porque é concebível que tenhamos ancestralidade marciana — tendo evoluído de uma vida primitiva trazida por uma rocha desprendida de Marte pelo impacto de um asteroide e atirada rumo à Terra.)

## 3.2 ALÉM DE NOSSO SISTEMA SOLAR

Para encontrar "imóveis" propícios à existência da vida, precisamos aumentar nosso campo de visão além do sistema solar — além do alcance de qualquer sonda concebida até hoje. O que transformou e estimulou todo o campo da exobiologia é a consciência de que maioria das estrelas é orbitada por planetas. O monge italiano Giordano Bruno especulou a respeito disso no século XVI. Da década de 1940 em diante, astrônomos suspeitavam que ele tinha razão. Uma teoria anterior de que o sistema solar seria formado por um filamento retirado do Sol pelo empuxo gravitacional gerado pela passagem muito próxima de uma estrela (o que significaria que os sistemas planetários eram raros) havia sido descartada. Essa teoria foi substituída pela ideia de que, quando uma nuvem interestelar fosse contraída pela gravidade para formar uma estrela, ela "geraria", se estivesse girando, um disco de gás e poeira que se aglomeraria para formar planetas. Mas foi só na década de 1990 que surgiram as primeiras evidências de exoplanetas. A maioria dos exoplanetas não é detectada diretamente; eles são inferidos por meio de observação cuidadosa das estrelas que orbitam. Existem duas técnicas principais.

A primeira é que, se uma estrela é orbitada por um planeta, então tanto a estrela quanto o planeta se movem ao redor de seus centros de massa — o que é chamado de baricentro. A estrela, por ter massa maior, se move mais devagar. Mas o movimento cíclico induzido por um planeta em órbita pode ser detectado pelo estudo preciso da luz estelar, que revela um efeito Doppler dinâmico. O primeiro sucesso foi em 1995, quando Michel Mayor e Didier Queloz, do Observatório de Genebra, encontraram um planeta com "massa de Júpiter" ao redor da estrela próxima 51 Pegasi.[3] Nos anos seguintes, mais de 400 exoplanetas foram encontrados assim. Essa técnica de "oscilação estelar" se aplica principalmente a planetas "gigantes" — objetos do tamanho de Saturno ou Júpiter.

Possíveis "gêmeos" da Terra são especialmente interessantes: planetas do mesmo tamanho do nosso, orbitando estrelas semelhantes ao sol, em órbitas com temperaturas nas quais a água não ferve nem fica congelada. Mas detectá-los — com massa centenas de vezes menor que a de Júpiter — é um verdadeiro desafio. Eles provocam oscilações de míseros centímetros por segundo em sua estrela-mãe — esse movimento tem sido até então muito pequeno para ser detectado pelo método Doppler (apesar de os equipamentos avançarem rapidamente).

Porém, há uma segunda técnica: podemos procurar as sombras dos planetas. Uma estrela pareceria se escurecer ligeiramente quando um planeta "passasse" à sua frente; esses escurecimentos se repetiriam em intervalos regulares. Tais dados revelam duas coisas: o intervalo entre escurecimentos sucessivos indica a duração do ano do planeta e a amplitude do escurecimento indica qual fração da luz da estrela um planeta bloqueia durante a passagem, e assim qual o seu tamanho.

A busca (até então) mais importante por planetas em trânsito foi conduzida por uma sonda espacial da NASA nomeada em homenagem ao astrônomo Johannes Kepler,[4] que passou mais de 3 anos medindo o brilho de 150 mil estrelas, com precisão de uma parte em 100 mil — e o fez uma vez ou mais por hora em cada estrela. A sonda *Kepler* encontrou milhares de planetas em trânsito, alguns menores que a Terra. O nome mais importante por trás do projeto *Kepler* foi Bill Borucki, um engenheiro norte-americano que trabalhava para a NASA desde 1964. Ele criou o conceito na década de 1980 e prosseguiu persistentemente, apesar de contratempos financeiros e do ceticismo inicial de vários nomes da comunidade de astrônomos "consagrados". Seu sucesso estrondoso — obtido quando ele já estava com cerca de 70 anos — merece elogio especial. Ele nos lembra de como mesmo a ciência mais "pura" depende dos construtores de instrumentos.

Há variedade dentre os exoplanetas já descobertos. Alguns têm órbitas excêntricas, e um planeta tem quatro sóis em seu céu; ele orbita uma estrela binária, que é orbitada por outra estrela binária. Essa descoberta envolveu "caçadores de planetas" amadores; qualquer entusiasta podia acessar os dados da *Kepler* sobre algumas estrelas, e o olhar humano foi capaz de captar "quedas" no brilho das estrelas (que eram menos frequentes do que no caso de um planeta orbitar uma só estrela).

Há um planeta orbitando a estrela mais próxima, Proxima Centauri, que fica a apenas quatro anos-luz da Terra. Proxima Centauri é uma chamada estrela anã M, cerca de 100 vezes menos luminosa que nosso Sol. Em 2017, uma equipe conduzida pelo astrônomo belga

Michaël Gillon descobriu um sistema solar em miniatura ao redor de outra anã M;[5] sete planetas, com "anos" que duram entre 1.5 e 18.8 dias terrestres, orbitam a seu redor. Os três mais distantes estão na zona habitável. Eles seriam locais espetaculares para se viver. Vistos da superfície de um dos planetas, os outros passariam rapidamente pelo céu, parecendo tão grandes quanto nossa Lua é para nós. Mas eles são bem diferentes da Terra. São provavelmente tão gravitalmente bloqueados que exibem a mesma face à sua estrela — um hemisfério perpetuamente iluminado; o outro sempre escuro. (Na improvável hipótese de que um dia já tenha abrigado vida inteligente, pode ter havido um tipo de "segregação" — astrônomos confinados em um hemisfério, o resto do planeta no outro!) Mas é provável que suas atmosferas tenham sido removidas pela intensa emissão magnética que é comum em estrelas anãs M, deixando-os menos propícios à vida.

Quase todos os exoplanetas conhecidos foram indiretamente descobertos, pela detecção de seus efeitos no movimento ou brilho das estrelas que orbitam. Adoraríamos observá-los diretamente, mas é difícil. Para entender o quanto é difícil, suponha que existissem alienígenas, e que um astrônomo alienígena com um telescópio potente estivesse observando a Terra de (digamos) 30 anos-luz — a distância de uma estrela próxima. Nosso planeta pareceria, parafraseando Carl Sagan, um "ponto azul pálido", muito próximo de uma estrela (nosso Sol) que brilha bilhões de vezes mais do que ele: um vaga-lume perto de um holofote. O tom de azul seria levemente diferente, a depender de qual lado terrestre estivesse virado para ele: o Oceano Pacífico ou a massa terrestre da Eurásia. Os astrônomos alienígenas poderiam deduzir a duração de nosso dia, as estações, a existência de continentes e oceanos e o clima. Analisando a luz fraca, os astrônomos poderiam inferir que a Terra tem uma superfície verde e uma atmosfera oxigenada.

Atualmente, os maiores telescópios terrestres são construídos em cooperação internacional. Eles se multiplicam em Mauna Kea (Havaí) e sob os céus secos e limpos dos altos Andes, no Chile. E a África do Sul não é apenas o lar de um dos maiores telescópios ópticos do mundo, como também terá um papel de liderança, junto com a Austrália, na construção do maior radiotelescópio do mundo, o *Square Kilometre Array* [Conjunto de um Quilômetro Quadrado, em tradução livre]. Um telescópio sendo construído no topo de uma montanha chilena por astrônomos europeus terá a sensibilidade necessária para captar luz de planetas do tamanho da Terra orbitando estrelas semelhantes ao sol. Ele é chamado de *European Extremely Large Telescope* [Telescópio Europeu Extremamente Grande] (E-ELT) — uma nomenclatura mais literal do que imaginativa! O primeiro telescópio refletor de Newton tinha um espelho de 10 centímetros de diâmetro; o E-ELT terá 39 metros — um mosaico de pequenos espelhos com uma área conjunta mais de 100 mil vezes maior.

Pelas estatísticas dos planetas ao redor das estrelas próximas estudadas até agora, podemos inferir que a Via Láctea inteira possui cerca de 1 bilhão de planetas "semelhantes à Terra" no sentido de terem quase o mesmo tamanho da Terra e a uma distância de sua estrela-mãe na qual água pode existir, sem estar permanentemente fervendo ou congelada. Esperamos variedade; alguns podem ser "mundos aquáticos", completamente cobertos de oceanos; outros (como Vênus) podem ter sido aquecidos e esterilizados por um "efeito estufa" extremo.

Quantos desses planetas podem abrigar formas de vida bem mais interessantes e exóticas do que qualquer coisa que encontremos em Marte — até mesmo algo que poderia ser chamado de vida inteligente? Não sabemos quais são as chances. Na verdade, ainda não podemos excluir a possibilidade de que a origem da vida — o surgimento, de uma "mistura" química, de uma entidade reprodutora e metabolizante — envolveu um acaso tão raro que acontecera apenas uma vez em nossa galáxia inteira. Por outro lado, essa transição crucial poderia ter sido quase inevitável dadas as circunstâncias "certas". Nós simplesmente não sabemos — como não sabemos se a química do DNA/RNA da vida terrestre é a única possibilidade, ou apenas uma base química em meio a várias opções que poderiam acontecer em outro lugar. Não sabemos fundamentalmente nem mesmo se água em estado líquido é mesmo crucial. Se houvesse um caminho químico pelo qual a vida pudesse surgir nos lagos frios de metano de Titã, nossa definição de "planetas habitáveis" seria muito maior.

Essas questões cruciais logo devem ser esclarecidas. A origem da vida está atraindo interesse maior agora; não é mais considerada um daqueles problemas extremamente desafiadores (a consciência, por exemplo, ainda está nessa categoria) que, embora consideravelmente importantes, não parecem oportunos ou viáveis — e ficam relegados à lista dos "muito difíceis". Entender os primórdios da vida é importante não apenas para mensurar a probabilidade de haver vida alienígena, mas também porque o surgimento da vida na Terra ainda é um mistério.

É necessário mantermos a mente aberta a respeito de onde no cosmo a vida pode surgir e quais formas ela pode ter — e considerar um pouco vidas diferentes da terrestre, em locais diferentes da Terra. Mesmo aqui na Terra, existe vida nos locais mais inóspitos — em cavernas escuras intocadas pela luz solar por milhares de anos, dentro de rochas de desertos áridos, em subterrâneos profundos e ao redor de aberturas quentes no leito mais profundo do oceano. Mas faz sentido começar com o que conhecemos (a estratégia de "procurar sob a luz dos postes") e empregar todas as técnicas disponíveis para descobrir se alguma atmosfera dos exoplanetas semelhantes à Terra exibe evidências de uma biosfera. Dentro das próximas duas décadas devem surgir pistas, graças ao Telescópio Espacial James Webb no espaço profundo e do E-ELT e telescópios gigantes afins no chão, que serão ativados na década de 2020.

Mesmo esses telescópios da nova geração terão dificuldades para separar o espectro da atmosfera do planeta do espectro da estrela central mais brilhante. Entretanto, observando a segunda metade do século, pode-se imaginar um conjunto de enormes telescópios espaciais, cada um com espelhos muito finos em escalas quilométricas, montados no espaço profundo por construtores robôs. Em 2068, o centenário da foto "Nascer da Terra", do Apollo 8, um instrumento desses poderia nos fornecer uma imagem ainda mais inspiradora: outra Terra orbitando uma estrela distante.

## 3.3 VIAGEM ESPACIAL – TRIPULADA E NÃO TRIPULADA

Dentre as leituras favoritas da minha infância (na Inglaterra, remontando à década de 1950), havia um gibi chamado *Eagle* [Águia, em tradução livre], especialmente as aventuras de "*Dan Dare – Pilot of the Future*" [Dan Destemido, Piloto do Futuro, em tradução livre] — nas quais a arte fenomenal retratava cidades orbitais, mochilas foguete e invasores alienígenas. Quando a viagem espacial se tornou realidade, os trajes usados pelos astronautas da NASA (e seus equivalentes "cosmonautas" soviéticos), eram familiares, assim como as rotinas de lançamento, acoplagem e afins. Minha geração acompanhou avidamente a sucessão de explorações heroicas pioneiras: o primeiro voo orbital de Yuri Gagarin, os primeiros passos de Alexey Leonov no espaço e, então, claro, os pousos na Lua. Lembro-me da visita de John Glenn, o primeiro americano a entrar em órbita, à minha cidade natal. Perguntaram a ele no que estava pensando enquanto aguardava o lançamento no bico do foguete. Ele respondeu: "Eu estava pensando que havia 20 mil peças neste foguete, e que cada uma delas foi feita pelo menor preço." (Futuramente, Glenn se tornou um senador nos EUA e, mais tarde, o mais velho dos astronautas quando, aos 77 anos, fez parte da tripulação do ônibus espacial STS-95.)

Passaram-se apenas 12 anos entre o lançamento do soviético *Sputnik 1* — o primeiro objeto artificial a alcançar a órbita — e o histórico "pequeno passo" na superfície lunar em 1969. Nunca olho para a Lua sem me lembrar de Neil Armstrong e Buzz Aldrin. Suas proezas parecem ainda mais heroicas retrospectivamente, quando entendemos o quanto dependiam de computadores primitivos e equipamentos não testados. Inclusive, o escritor dos discursos do presidente Nixon, William Safire, havia esboçado uma homenagem aos astronautas caso eles tivessem colidido na Lua ou ficassem lá perdidos:

> O destino proclamou que os homens que foram à Lua para explorar em paz lá ficassem para descansar em paz. [Eles] sabem que não há esperança de resgate. Mas também sabem que há esperanças para a humanidade em seu sacrifício.

O programa Apollo continua a ser, meio século depois, o auge das empreitadas humanas no espaço. Era uma "corrida espacial" contra os russos — uma disputa de rivalidade entre superpotências. Se tivessem mantido o ritmo, certamente haveria hoje pegadas em Marte; era o que nossa geração esperava. No entanto, depois que a corrida foi vencida, não havia motivação para continuar os gastos necessários. Na década de 1960, a NASA absorveu mais de 4% do orçamento federal dos EUA. O valor atual é 0.6%. Os jovens de hoje sabem que os Estados Unidos levaram homens à Lua. Sabem que os egípcios construíram pirâmides. Mas essas empreitadas parecem história antiga, motivada por metas nacionais quase igualmente bizarras.

Centenas de outros se aventuraram no espaço nas décadas seguintes —, mas, frustrantemente, não fizeram nada além de circundar a Terra em órbita baixa. A Estação Espacial Internacional (EEI) provavelmente foi o apetrecho mais caro já construído. Seu custo, somado aos veículos cujo propósito principal era sua manutenção (embora eles agora estejam desativados) somam cifras de até 12 dígitos. O retorno técnico e científico da EEI é considerável, porém menos financeiramente funcional do que de missões não tripuladas. E essas viagens também não foram inspiradoras como as descobertas pioneiras dos russos e americanos. A EEI só aparece no jornal quando algo dá errado: quando o banheiro estraga, por exemplo; ou quando astronautas fazem "números", como o canadense Chris Hadfield, tocando violão e cantando.

O hiato na exploração espacial tripulada demonstra que, quando não há demandas políticas ou econômicas, as conquistas ficam muito aquém do que poderia ser feito. (Viagens supersônicas são outro exemplo — o avião comercial Concorde virou peça de museu. Em contrapartida, os desdobramentos da TI continuam avançando e espalhando-se mundialmente, muito mais rápido do que previsões e gurus do gerenciamento imaginaram.)

A tecnologia espacial ainda assim aflorou nas últimas quatro décadas. Dependemos corriqueiramente de satélites em órbita para comunicação, GPS, monitoramento ambiental, vigilância e previsão do tempo. Esses serviços usam veículos espaciais que, embora não tripulados, são caros e complexos. Mas há um mercado crescente para satélites baratos em miniatura, demanda essa que várias empresas privadas buscam suprir.

A empresa PlanetLab, localizada em São Francisco, desenvolveu e lançou uma série de veículos espaciais do tamanho de uma caixa de sapatos com a missão coletiva de prover imagens constantemente e cobertura global, embora em uma resolução não tão boa (3 a 5 metros): o mantra (com leve exagero) é observar cada árvore do mundo todos os dias. Oitenta e oito veículos foram lançados em 2017 como carga de um só foguete indiano; foguetes russos e americanos foram usados para lançar mais deles, e também uma frota de SkySats maiores e mais equipados (cada um pesando 100 quilos). Para uma resolução muito melhor, é necessário haver um satélite maior com tecnologia óptica mais avançada, mas mesmo assim há um mercado comercial para os dados desses pequenos "cubesats" para monitorar plantações, construções, barcos de pesca e afins; eles também são úteis no planejamento de reações a desastres. Até mesmo satélites finíssimos já podem ser lançados — explorando a tecnologia que surgiu do investimento colossal em microeletrônicos de consumo.

Telescópios no espaço impulsionam bastante a astronomia. Orbitando muito cima dos efeitos absorventes e ofuscantes da atmosfera da Terra, eles nos trouxeram imagens excelentes das partes mais remotas do cosmo. Eles inspecionaram o céu em faixas de infravermelho, UV, raios X e raios gama que não penetram a atmosfera e, portanto, não podem ser observadas do solo. Eles revelaram evidências de buracos negros e outras excentricidades e investigaram com alta precisão o "remanescente da criação" — as micro-ondas que permeiam todo o espaço cujas propriedades trazem indícios do início de tudo, quando todo o cosmo observável estava comprimido em tamanho microscópico.

As descobertas feitas por veículos espaciais que rumaram a todos os planetas do sistema solar têm apelo público mais imediato. A sonda *New Horizons* da NASA enviou imagens incríveis de Plutão, 10 mil vezes mais distante do que a Lua. E a sonda *Rosetta*, da Agência Espacial

Europeia, pousou um robô em um cometa. Foram necessários cinco anos para projetar e construir esses veículos espaciais e depois quase dez viajando aos seus alvos longínquos. A sonda *Cassini* passou 13 anos estudando Saturno e suas luas e foi ainda mais louvável; mais de 20 anos se passaram entre seu lançamento e seu mergulho final em Saturno no fim de 2017. Não é difícil imaginar quão mais sofisticados poderiam ser as continuações dessas missões hoje em dia.

Durante este século, todo o sistema solar — planetas, luas e asteroides — será explorado e mapeado por frotas de pequenas sondas espaciais robóticas interagindo umas com as outras como uma revoada de pássaros. Montadores robóticos gigantes poderão construir, no espaço, coletores de energia solar e outros objetos. Os sucessores do telescópio Hubble, com espelhos gigantes montados em gravidade zero, expandirão ainda mais nossa visão de exoplanetas, estrelas, galáxias e a amplitude do cosmo. O próximo passo seria mineração e fabricação espacial.

Mas haverá um papel para os humanos? Não se pode negar que o *Curiosity* da NASA, um veículo do tamanho de um carro compacto, que desde 2011 tem perambulado por uma enorme cratera marciana, possa perder descobertas incríveis que nenhum geólogo humano ignorraria. Mas o aprendizado de máquina está avançando rapidamente, assim como a tecnologia dos sensores. Em contrapartida, a diferença de custo entre missões tripuladas e não tripuladas continua imensa. A necessidade prática de viagens espaciais tripuladas diminui a cada avanço em robótica e miniaturização.

Se houvesse uma retomada do "espírito Apollo" e um desejo renovado de continuar seu legado, um possível próximo passo seria uma base lunar permanentemente tripulada. Sua construção poderia ser feita por robôs — trazendo suprimentos da Terra e extraindo outros da Lua. Um local especialmente propício seria a cratera Shackleton, no polo lunar, com 21 quilômetros de diâmetro e borda com 4 quilômetros de altura. Graças à localização da cratera, sua borda está sempre iluminada pelo Sol, evitando assim as diferenças mensais extremas de temperatura vistas em quase toda a superfície da Lua. Além do mais, pode haver muito gelo no interior perpetuamente escuro da cratera — crucial, claro, para sustentar uma "colônia".

Faria sentido construir principalmente na face da Lua voltada para a Terra. Mas há uma exceção: os astrônomos gostariam de um telescópio gigante no outro extremo porque ficaria protegido das emissões artificiais da Terra

— trazendo uma enorme vantagem a radioastrônomos buscando detectar emissões cósmicas fracas.

O programa tripulado da NASA, desde a Apollo, sofreu pressão do público e de políticos para evitar riscos. O ônibus espacial falhou 2 vezes em 135 lançamentos. Astronautas ou pilotos de teste aceitariam de bom grado essa margem de risco — menos de 2%. Mas o veículo foi, precipitadamente, promovido como seguro para civis (e a professora infantil Christa McAuliffe do Teacher in Space Project da NASA, foi uma das baixas do desastre do *Challenger*). Cada fracasso causou um trauma nacional nos Estados Unidos e foi seguido de um hiato enquanto esforços custosos (com efeitos deveras limitados) eram feitos para reduzir ainda mais os riscos.

Espero que algumas pessoas vivas hoje ainda andem em Marte — como uma aventura, e como um passo rumo às estrelas. Mas a NASA confrontará obstáculos políticos para atingir essa meta com um orçamento viável. A China tem os recursos, o governo intervencionista e talvez a vontade de acatar um programa nos moldes do Apollo. Se quisesse reafirmar seu status de superpotência com um "espetáculo espacial" e proclamar paridade, o país precisaria ultrapassar, em vez de só repetir, o que os Estados Unidos fizeram há 50 anos. A China já tem planos de "ser a primeira" a pousar no extremo distante da Lua. Um "salto adiante" mais claro envolveria pegadas em Marte, não apenas na Lua.

Desconsiderando os chineses, creio que o futuro da viagem espacial tripulada está nas mãos de aventureiros pagos pela iniciativa privada, preparados para participar de um programa de orçamento reduzido muito mais arriscado do que as nações ocidentais poderiam impor a civis publicamente financiados. A SpaceX, presidida por Elon Musk (que fabrica os carros elétricos Tesla), ou o esforço rival, Blue Origin, patrocinado por Jeff Bezos, fundador da Amazon, atracaram veículos na estação espacial e logo oferecerão voos orbitais a clientes pagantes. Essas iniciativas — levando a cultura do Vale do Silício para um território há muito dominado pela NASA e alguns poucos conglomerados aeroespaciais — mostraram que é possível recuperar e reutilizar o primeiro estágio de um foguete de lançamento — prevendo economias nos custos. Eles inovaram e melhoraram a construção de foguetes muito mais rápido do que a NASA ou a ESA — um foguete Falcon da Space X é capaz de colocar em órbita uma carga de 50 toneladas. O papel futuro das agências nacionais será atenuado — assemelhando-se mais a um aeroporto do que a uma companhia aérea.

Se eu fosse norte-americano, não apoiaria o programa tripulado da NASA — alegaria que empresas privadas movidas por inspiração deveriam "liderar" todas as missões tripuladas como iniciativas de alto risco e baixo custo. Ainda haveria muitos voluntários — talvez aceitando até "passagens só de ida" — motivados pelas mesmas razões de antigos exploradores, alpinistas e afins. De fato é hora de abster-se da mentalidade de que empreitadas espaciais devam ser projetos nacionais (ou mesmo internacionais) — junto à retórica pretensiosa na qual a palavra "nós" é usada para denotar toda a humanidade. Há alguns esforços — enfrentar mudanças climáticas, por exemplo — que não podem ser feitos sem ação internacional conjunta. A exploração espacial não precisa ser assim; pode demandar certa regulamentação pública, mas a iniciativa pode ser privada ou corporativa.

Há planos para viagens de uma semana pelo extremo distante da Lua — viajando distâncias além da Terra jamais alcançadas antes (mas evitando o desafio maior de pouso e decolagem na Lua). Uma passagem foi vendida (assim me disseram) para o segundo desses voos, mas não para o primeiro. E Dennis Tito, um empreendedor e ex-astronauta, sugeriu enviar pessoas para Marte e de volta para a Terra — sem pousar —, quando um novo lançador de cargas pesadas estiver disponível. Isso exigiria 500 dias em confinamento isolado. A tripulação ideal seria um casal estável de meia idade — velho o bastante para não se incomodar com a alta dose de radiação acumulada na viagem.

A frase *turismo espacial* deveria ser evitada. Ela leva o público a crer que tais empreitadas são rotineiras e de baixo risco. E, se esta for a percepção, os inevitáveis acidentes serão tão traumáticos quanto os dos ônibus espaciais. Essas empreitadas devem ser “vendidas” como esportes perigosos ou exploração intrépida.

O impedimento mais crucial às viagens espaciais, tanto na órbita terrestre quanto além dela, vem da ineficiência intrínseca dos combustíveis químicos e a consequente necessidade de os lançadores carregarem um peso muito maior de combustível do que de cargas. Enquanto dependermos de combustíveis químicos, as viagens interplanetárias continuarão sendo desafios. A energia nuclear poderia ser transformadora. Ao permitir velocidades muito mais altas, o tempo de viagem até Marte ou a asteroides seria drasticamente reduzido (diminuindo não apenas o tédio dos astronautas, mas também sua exposição à radiação nociva).

Se obteria mais eficiência caso o suprimento de combustível pudesse ficar no chão em vez de ser levado para o espaço. Por exemplo, pode ser tecnicamente possível lançar um veículo espacial à órbita por um “elevador espacial” — um cabo de fibra de carbono com 30 mil quilômetros de comprimento ancorado à Terra (e abastecido no chão), com alcance vertical além da distância de uma órbita geoestacionária, para que fosse mantido esticado por forças centrífugas. Um esquema alternativo prevê o uso de um raio laser potente gerado na Terra que empurraria uma "vela" ligada ao veículo espacial; isso pode ser viável para sondas espaciais leves e poderia, em tese, acelerá-las a até 20% da velocidade da luz.[6]

A propósito, combustíveis mais eficientes a bordo de espaçonaves poderiam transformar as viagens espaciais de uma operação de alta precisão em algo não especializado. Dirigir um carro seria uma empreitada difícil se, como nas viagens espaciais atuais, fosse necessário programar detalhadamente toda a viagem com antecedência, com oportunidades mínimas de desvios no caminho. Se houvesse abundância de combustível para correções durante o trajeto (e para frear e acelerar à vontade), então a navegação interplanetária seria uma tarefa de baixo risco — mais simples até do que conduzir um carro ou navio, uma vez que o destino sempre está à plena vista.

Em 2100, esportistas radicais como (digamos) Felix Baumgartner (o paraquedista austríaco que em 2012 quebrou a barreira do som em queda livre de um balão de alta altitude) talvez estabeleçam "bases" independentes da Terra — em Marte ou talvez em asteroides. Elon

Musk (nascido em 1971), da SpaceX, diz que pretende falecer em Marte —, mas não em um impacto. No entanto, não espere emigração em massa da Terra. E aqui discordo veementemente com Musk e com meu antigo colega de Cambridge, Stephen Hawking, que falava com entusiasmo sobre a construção rápida de comunidades marcianas em larga escala. É uma ilusão perigosa pensar que o espaço oferece uma fuga dos problemas da Terra. Precisamos resolver esses problemas aqui. Lidar com mudanças climáticas pode parecer assustador, mas não é nada em comparação com terraformar Marte. Nenhum lugar do nosso sistema solar oferece um ambiente sequer tão ameno quanto a Antártida ou o topo do Everest. Não existe "Planeta B" para pessoas comuns avessas a riscos.

Mas nós (e nossos descendentes aqui na Terra) deveríamos celebrar os bravos aventureiros espaciais, porque terão papel fundamental na condução do futuro pós-humano e na determinação do que acontece no século XXII e adiante.

## 3.4 RUMO A UMA ERA PÓS-HUMANA?

Por que esses aventureiros espaciais serão tão importantes? O ambiente espacial é naturalmente hostil para humanos. Então, como serão mal adaptados a seu novo habitat, os exploradores pioneiros terão um incentivo mais forte do que aqueles de nós na Terra para redefinir a si mesmos. Eles explorarão as superpoderosas tecnologias genéticas e de ciborgues que serão desenvolvidas nas próximas décadas. Essas técnicas serão, espera-se, intensamente regulamentadas na Terra, nos âmbitos da ética e da prudência, mas os "colonizadores" em Marte estarão muito além do alcance dos reguladores. Deveríamos desejar-lhes boa sorte em modificar seus antecedentes para se adaptarem a ambientes alienígenas. Este pode ser o primeiro passo rumo à divergência em uma nova espécie. Modificações genéticas seriam suplementadas por tecnologia ciborgue — podendo haver inclusive uma transição a inteligências inorgânicas. Então, são esses aventureiros do espaço e não nós, confortavelmente adaptados à vida na Terra, que vão inaugurar a era pós-humana.

Antes de saírem da Terra, viajantes espaciais, independentemente do destino, saberiam o que esperar do final de sua jornada; seriam precedidos por sondas robóticas. Os exploradores europeus de séculos passados que se aventuraram pelo Pacífico foram rumo ao desconhecido em um nível que nenhum dos exploradores futuros iria (e encararam perigos mais terríveis) — não havia expedições precursoras para produzir mapas, como acontece em empreitadas espaciais. Viajantes do espaço no futuro poderão sempre comunicar-se com a Terra (ainda que com certo atraso). Se sondas precursoras revelarem que há maravilhas a serem exploradas, haverá um motivo convincente — assim como o Capitão Cook foi incentivado pela biodiversidade e beleza das ilhas do Pacífico. Mas, se não houver nada além de aridez lá fora, seria melhor deixar as viagens para os fabricantes robóticos.

Criaturas orgânicas precisam de um ambiente de superfície planetária, mas, se os pós-humanos fizerem a transição para inteligências plenamente inorgânicas, eles não precisarão de uma atmosfera. E eles podem preferir a gravidade zero, especialmente para construir habitats extensos e leves. Então, é no espaço profundo — não na Terra, ou mesmo em Marte — que "cérebros" não biológicos poderiam desenvolver poderes que humanos sequer conseguem imaginar. Os períodos de avanços tecnológicos são um mero instante se comparados aos períodos da seleção natural darwiniana que levaram ao surgimento da humanidade — e (mais relevante ainda) estão a menos de um milionésimo dos vastos confins de tempo cósmico adiante. Os resultados da evolução tecnológica futura podem superar os humanos tanto quanto nós superamos (intelectualmente) o mofo.

É provável que os "inorgânicos" — robôs eletrônicos inteligentes — acabem obtendo domínio. Isso porque há limites químicos e metabólicos ao tamanho e capacidade de processamento de cérebros orgânicos "úmidos". Talvez já estejamos próximos desses limites, mas não existem tais restrições para os computadores eletrônicos (e, talvez, menos ainda para computadores quânticos). Portanto, a quantidade e intensidade de qualquer tipo de "pensamento" feito por cérebros humanos orgânicos será facilmente suplantada pelo trabalho cerebral das IAs. Talvez estejamos próximos do fim da evolução darwiniana, mas um processo mais rápido, de melhoria de inteligência artificialmente conduzida, é só o começo. Ele acontecerá mais rápido fora da Terra — eu não esperaria (tampouco desejaria) mudanças tão rápidas assim na humanidade aqui na Terra, embora nossa sobrevivência dependa de garantir que a IA na Terra continue "benevolente".

Filósofos debatem se a "consciência" é particular dos cérebros orgânicos de humanos, primatas e cães. Será que os robôs, mesmo com intelectos aparentemente sobre-humanos, ainda assim não terão autoconsciência ou vida interna? A resposta a essa pergunta afetará totalmente a forma como reagiremos à sua "tomada". Se as máquinas fossem zumbis, não valorizaríamos suas experiências da mesma forma que as nossas, e o futuro pós-humano soaria sombrio. Mas, se elas forem conscientes, por que não deveríamos aceitar a perspectiva de sua hegemonia no futuro?

Os cenários que descrevi teriam uma consequência — um aumento na autoestima humana — que apesar da vida ter sido originada apenas na Terra, ela não precisa permanecer como um aspecto trivial do cosmo; os humanos podem estar mais próximos do começo do que do fim de um processo pelo qual inteligências cada vez mais complexas se propaguem pela galáxia. O salto até estrelas vizinhas é só um primeiro passo desse processo. Viagens interestelares — ou mesmo intergaláticas — não seriam um terror para seres quase imortais.

Apesar de não sermos o último galho de uma árvore evolucionária, nós humanos poderíamos obter significância genuinamente cósmica iniciando a transição para entidades eletrônicas (e potencialmente imortais) que propaguem sua influência muito além da Terra, transcendendo nossas limitações.

Mas as razões e empecilhos éticos dependerão da resposta à grande questão astronômica: Já existe vida — inteligente — lá fora?

## 3.5 INTELIGÊNCIA ALIENÍGENA?

Evidências sólidas de vegetação, insetos primitivos ou bactérias em um exoplaneta seriam significativas. Mas o que alimenta a imaginação popular de verdade é a esperança de haver vida inteligente — os conhecidos "alienígenas" da ficção científica.[7]

Mesmo que a vida primitiva fosse comum, vidas "avançadas" talvez não sejam — seu surgimento pode depender de várias contingências. O curso da evolução na Terra foi influenciado por etapas glaciais, o histórico de atividades tectônicas, impactos de asteroides e afins. Diversos autores especularam a respeito de "gargalos" evolucionários — estágios-chave que são difíceis de transpor. Talvez a transição à vida pluricelular (que demorou 2 bilhões de anos na Terra) seja um deles. Ou o "gargalo" poderia vir depois. Se, por exemplo, os dinossauros não tivessem sido extintos, a cadeia de evolução dos mamíferos que levou ao surgimento dos humanos poderia ter sido encerrada; não podemos prever se outra espécie teria assumido nosso papel. Alguns evolucionistas consideram o surgimento da inteligência como uma contingência improvável, mesmo em uma biosfera complexa.

Talvez, infelizmente, poderia haver um "gargalo" em nosso próprio estágio evolucionário — o estágio no qual estamos neste século, quando a vida inteligente desenvolve tecnologias potentes. O prognóstico de longo prazo para a vida "surgida na Terra" depende de os humanos superarem essa fase — apesar da vulnerabilidade aos tipos de perigo que abordei nos capítulos anteriores. Isso não exige que nenhuma catástrofe terminal recaia sobre a Terra — só que, antes que isso aconteça, alguns humanos ou dispositivos tenham sido enviados para fora de seu planeta natal.

Como destaquei, sabemos muito pouco a respeito do surgimento da vida para podermos dizer se inteligências alienígenas são possíveis ou não. O cosmo poderia estar repleto de variedades de vida complexa; se for o caso, poderíamos esperar ser os membros minoritários de um “clubinho galáctico”. Por outro lado, o surgimento de inteligência pode exigir uma cadeia de eventos tão rara — como ganhar na loteria — que não tenha acontecido em nenhum outro lugar. Isso desapontaria quem busca por alienígenas, mas implicaria que nossa Terra pode ser o local mais importante da galáxia e que seu futuro tem consequências cósmicas.

Seria claramente uma descoberta grandiosa detectar qualquer “sinal” cósmico que fosse deliberadamente artificial — “bipes” de rádio, ou lampejos de luz de algum laser celestial escaneando a Terra. Buscas por vida extraterrestre inteligente (SETI, sigla do inglês *Searches for Extraterrestrial Intelligence)* são válidas, mesmo que as chances sejam deveras contrárias ao sucesso, porque as apostas são muito altas. Buscas anteriores conduzidas por Frank Drake, Carl Sagan, Nikolai Kardashev e outros não descobriram nada artificial. Mas eram muito limitadas — é como alegar que não há vida nos oceanos depois de analisar um copo cheio de água do mar. É por isso que devemos saudar o lançamento da *Breakthrough Listen*, um compromisso de 10 anos de Yuri Milner, um investidor russo, em comprar horas de uso dos melhores radiotelescópios do mundo e desenvolver instrumentos para escanear o céu de forma mais consistente e abrangente do que antes. As buscas cobrirão um alcance maior de frequências de rádio e micro-ondas, utilizando equipamentos de processamentos de sinais especialmente desenvolvidos. E eles serão complementados por buscas por "lampejos" de luz visível ou de raios x que não pareçam ter origem natural. Além disso, o advento das mídias sociais e da ciência cidadã permitirá que uma comunidade global de entusiastas baixe dados e participe dessa busca cósmica.

Na cultura popular, alienígenas são retratados como ligeiramente humanoides, costumam ser bípedes, ainda que às vezes com tentáculos ou com olhos em hastes. Talvez tais criaturas existam, mas não são o tipo de alienígena que provavelmente detectaríamos. Defendo veementemente que, caso encontrássemos uma transmissão ET, muito provavelmente viria de cérebros eletrônicos incrivelmente complexos e potentes. Suponho isso com base no que aconteceu na Terra, e — mais importante ainda — como esperamos que a vida e a inteligência evoluam no futuro distante. Os primeiros organismos pequenos surgiram quando a Terra era jovem, há cerca de 4 bilhões de anos; essa biosfera primordial evoluiu até se tornar a complexa e maravilhosa teia de vida dos dias de hoje — da qual nós humanos fazemos parte. Mas humanos não são o fim desse processo — na verdade, podem nem ser um estágio do meio do caminho. Então, as evoluções futuras — a era pós-humana, onde as criaturas dominantes não são de carne e osso — poderiam estender-se bilhões de anos no futuro.

Supondo que haja vários outros planetas onde a vida começou, e que em alguns deles a evolução darwiniana seguiu um caminho semelhante ao daqui. Ainda assim, é muito improvável que os estágios-chave fossem sincronizados. Se o surgimento de inteligência e tecnologia em um planeta tivesse demorado muito mais do que na Terra (porque o planeta é mais novo ou porque os "gargalos" demoraram mais para ser superados), então aquele planeta não revelaria nenhuma evidência de vida extraterrestre. Mas ao redor de uma estrela mais velha do que o Sol, a vida poderia ter começado um bilhão de anos, ou mais, antes da nossa.

A história da civilização tecnológica humana é medida em milênios (no máximo) — e pode ser que faltem apenas um ou dois séculos até que os humanos sejam ultrapassados ou superados por inteligência inorgânica, que então vai predominar, evoluindo continuamente por bilhões de anos. Se a inteligência "orgânica" de nível humano é, genericamente, só um breve interlúdio até o domínio das máquinas, talvez seja improvável que consigamos "captar" vida alienígena no breve intervalo de tempo em que ela ainda esteja na forma orgânica. Se detectarmos ETs, o mais provável é que eles sejam eletrônicos.

Mas, mesmo que a busca tivesse sucesso, ainda seria improvável que o "sinal" fosse uma mensagem decodificável. Provavelmente seria um subproduto (ou mesmo defeito) de alguma máquina supercomplexa muito além de nossa compreensão cuja linhagem remete a seres alienígenas orgânicos (que ainda poderiam existir em seu planeta natal ou ter sido extintos há muito tempo). O único tipo de inteligência cujas mensagens seriam decifráveis seria o subconjunto (talvez pequeno) que usou uma tecnologia sintonizada com a de nossos conceitos basais. Então, poderíamos saber se um sinal é de fato uma mensagem ou apenas algum "vazamento"? Poderíamos estabelecer comunicação?

O filósofo Ludwig Wittgenstein disse "Se um leão pudesse falar, não conseguiríamos entendê-lo." Será que o "abismo cultural" com os alienígenas seria intransponível? Creio que não necessariamente. Afinal, se eles conseguissem comunicar-se, compartilhariam conosco conhecimentos de física, matemática e astronomia. Eles poderiam ser do planeta Zog e ter sete tentáculos; poderiam ser metálicos e eletrônicos. Mas eles seriam feitos de átomos similares aos nossos; observariam (se tivessem olhos) o mesmo cosmo e encontrariam sua origem no mesmo início denso e quente — o "big bang" há cerca de 13.8 bilhões de anos. Mas sem chance de haver respostas rápidas — se existissem, estariam tão distantes que trocar mensagens levaria décadas ou até mesmo séculos.

Mesmo que a inteligência fosse difundida em todo o cosmo, talvez conseguíssemos reconhecer apenas uma fração incomum e pequena dela. Alguns "cérebros" talvez vissem a realidade de uma forma que não conseguimos sequer conceber. Outros poderiam estar em um estado de vida contemplativa conservando energia. Faz sentido focar as buscas primeiro em planetas similares à Terra orbitando estrelas de vida longa. Mas os autores de ficção científica nos lembram que há mais alternativas exóticas. Em particular, o hábito de se referir a uma "civilização alienígena" pode ser muito restritivo. Uma "civilização" conota uma sociedade de indivíduos; ao contrário, os extraterrestres poderiam ser uma inteligência integrada única. Mesmo que os sinais fossem transmitidos, talvez não os reconhecêssemos como artificiais porque não saberíamos como decodificá-los. Um engenheiro de rádio veterano familiarizado apenas com uma modulação de amplitude poderia ter dificuldades para decodificar comunicações sem fio modernas. Na verdade, técnicas de compactação visam tornar o som o mais próximo possível de um ruído — conquanto um sinal seja previsível, há escopo para maior compreensão.

O foco está voltado para a parte de rádio do espectro. Mas é claro que em nosso estado de ignorância acerca do que pode estar lá fora, devemos explorar todas as faixas de ondas; devemos buscar nas faixas ópticas e de raio x e também prestar atenção em outras evidências de fenômenos ou atividades não naturais. Pode-se buscar evidências de moléculas criadas artificialmente como o CFC na atmosfera de um exoplaneta, ou então dispositivos enormes como uma esfera de Dyson. (Essa ideia, graças a Freeman Dyson, imagina que uma civilização esbanjadora de energia possa extrair toda a energia de sua estrela-mãe cercando-a com células fotovoltaicas e que o "calor desperdiçado" surgiria como uma emissão infravermelha.) E convém buscar por dispositivos dentro de nosso sistema solar; talvez possamos descartar visitas de alienígenas em escala humana, mas se uma civilização extraterrestre dominasse a nanotecnologia e transferisse sua inteligência a máquinas, a "invasão" poderia consistir em um enxame de sondas microscópicas que poderia passar despercebido. É válido até mesmo atentar a objetos especialmente brilhantes ou de formatos estranhos vagando entre asteroides. Mas é claro que seria mais fácil enviar um sinal de rádio ou laser do que cruzar as distâncias assombrosas do espaço interestelar.

Acho que nem mesmo os pesquisadores otimistas de SETI estipulariam uma chance de sucesso maior que poucos por cento — e a maioria de nós é ainda mais pessimista. Mas é muito fascinante que parece valer a aposta — todos gostaríamos de ver as buscas começando enquanto ainda estamos vivos. E há duas máximas que se encaixam nessa busca: "Alegações extraordinárias exigem evidências extraordinárias" e "ausência de evidências não é evidência de ausência".

Além disso, precisamos perceber o quanto alguns fenômenos naturais podem ser surpreendentes. Por exemplo, em 1967, astrônomos de Cambridge encontraram "bipes" de rádio regulares, repetindo-se várias vezes por segundo. Isso poderia ser uma transmissão alienígena? Houve quem estivesse disposto a considerar essa opção, mas logo ficou claro que esses bipes vieram de um tipo de objeto muito denso até então não detectado: estrelas de nêutron, que podem ter só alguns quilômetros de diâmetro e girar a várias revoluções por segundo (algumas centenas, ocasionalmente) enviando um "raio de farol" de radiação em nossa direção do espaço profundo. O estudo de estrelas de nêutrons — das quais milhares são hoje conhecidas — provou ser um tópico especialmente empolgante e frutífero porque manifesta física extrema, na qual a natureza criou condições que jamais poderíamos simular em laboratório.[8] Mais recentemente, uma nova e ainda impressionante classe de "rajadas de rádio" foi descoberta, emitindo com mais potência do que até mesmo os pulsares,[9] mas a disposição geral é buscar explicações naturais para elas.

As SETI dependem de filantropia da iniciativa privada. O fracasso na busca de patrocínio público me surpreende. Se eu estivesse diante de um comitê governamental, me sentiria muito menos vulnerável e mais tranquilo ao defender um projeto de SETI do que buscando financiamento para um enorme novo acelerador de partículas. Isso porque milhares de pessoas que assistem a filmes do gênero de Guerra nas Estrelas ficariam felizes de saber que uma porção de seus impostos pagos seria dedicada ao SETI.

Talvez um dia encontremos evidências de inteligência alienígena — ou até mesmo (embora menos provável) nos "pluguemos" em alguma mente cósmica. Por outro lado, nossa Terra pode ser única e todas as buscas poderiam fracassar. Isso desapontaria os pesquisadores, mas teria um lado positivo para os ecos de longo prazo da humanidade. Nosso sistema solar mal chegou à meia-idade, e se os humanos conseguirem evitar sua autodestruição no próximo século, a era pós-humana estará próxima. A inteligência da Terra poderia se propagar por toda a galáxia, evoluindo com uma complexidade abundante muito além do que podemos conceber. Se for assim, nosso planetinha — esse pálido ponto azul flutuando no espaço — poderia ser o lugar mais importante de todo o cosmo.

De qualquer maneira, nosso habitat cósmico — esse imenso firmamento de estrelas e galáxias — parece "projetado" ou "ajustado" para ser um lar para vidas. Uma complexidade incrível se desdobrou de um simples big bang, levando ao nosso surgimento. Mesmo que agora estejamos sozinhos no universo, podemos não ser o ápice desta "marcha" em direção à complexidade e à consciência. Isso nos diz algo muito profundo sobre as leis da natureza — e motiva uma breve excursão, nos capítulos seguintes, aos maiores horizontes de tempo e espaço que os cosmologistas conseguem conceber.

# 4

# OS LIMITES E O FUTURO DA CIÊNCIA

## 4.1 DO SIMPLES AO COMPLEXO

Eis uma especulação fictícia: imagine que com uma "máquina do tempo" pudéssemos enviar um "tweet" sucinto aos grandes cientistas do passado — Newton ou Arquimedes, por exemplo. Que mensagem os esclareceria mais e transformaria suas visões de mundo? Acho que seria a maravilhosa descoberta de que nós mesmos e tudo do mundo cotidiano somos feitos de menos de cem tipos diferentes de átomos — muito hidrogênio, oxigênio e carbono; pequenas doses cruciais de ferro, fósforo e outros elementos. Toda matéria — viva ou não — deve sua estrutura aos padrões complexos com os quais os átomos se unem, e como reagem. Toda a química é determinada pelas interações entre núcleos positivamente carregados de átomos e o enxame de elétrons negativamente carregados que os envolvem.

Átomos são simples; podemos escrever a equação de mecânica quântica (equação de Schrödinger) que descreve suas propriedades. Então, em uma escala cósmica, existem os buracos negros, com os quais podemos resolver as equações de Einstein. Esse "básico" é compreendido bem o suficiente para permitir que engenheiros desenvolvam todos os objetos do mundo moderno. (A teoria da relatividade geral de Einstein foi aplicada em satélites de GPS; seus relógios perderiam precisão se os efeitos da gravidade não fossem corrigidos adequadamente.)

A estrutura intrincada de todas as coisas vivas testifica que camadas e mais camadas de complexidade podem surgir da operação de leis fundamentais. Jogos matemáticos podem ajudar a desenvolver nossa consciência sobre como regras simples, reiteradas repetidamente, podem, de fato, ter consequências surpreendentemente complexas.

John Conway, agora na Universidade de Princeton, é uma das figuras mais carismáticas da matemática.[1] Quando ele lecionou em Cambridge, os alunos criaram uma "associação de valorização de Conway". Sua pesquisa acadêmica lida com um ramo da matemática conhecido como teoria de grupos. Mas ele alcançou um público maior e obteve maior impacto intelectual ao desenvolver o Jogo da Vida.

Em 1970, Conway fazia experimentos com padrões em um tabuleiro de Go; ele queria desenvolver um jogo que começaria com um padrão simples e usaria regras básicas para iterações sucessivas. Ele descobriu que ajustando as regras de seu jogo e os padrões de início, alguns arranjos produziam resultados incrivelmente complicados — aparentemente do nada, pois as regras do jogo eram muito básicas. "Criaturas" surgiam, se movendo no tabuleiro, parecendo ter vida própria. As regras simples meramente especificam quando um quadrado branco se torna um quadrado preto (e vice-versa), mas, aplicadas repetidamente, criam uma variedade fascinante de padrões complicados. Adeptos do jogo identificaram objetos como "planadores", "armas de planadores" e outros padrões reproduzidos.

Conway dedicou-se a muitas "tentativas e erros" antes de chegar ao "mundo virtual" que permitia o surgimento de variedades interessantes. Ele usou papel e lápis, antes da era dos computadores pessoais, mas as implicações do Jogo da Vida surgiram apenas quando a maior velocidade dos computadores pôde ser utilizada. Do mesmo modo, graças aos computadores antigos, Benoit Mandelbrot e outros puderam tramar os padrões maravilhosos de fractais — mostrando como fórmulas matemáticas simples podem codificar complexidades aparentemente intrincadas.

A maioria dos cientistas concorda com a perplexidade expressada em um ensaio clássico do físico Eugene Wigner, intitulado "The Unreasonable Effectiveness of Mathematics in the Natural Sciences"[2] [A Efetividade Irracional da Matemática nas Ciências Naturais, em tradução livre]. E também com a máxima de Einstein que "a coisa mais incompreensível sobre o universo é que ele é compreensível". Nos maravilhamos com o fato de que o mundo físico não é anárquico — que átomos obedecem às mesmas leis de nossos laboratórios mesmo em galáxias distantes. Como já mencionei (seção 3.5), se descobríssemos alienígenas e quiséssemos nos comunicar com eles, matemática, física e astronomia seriam talvez as únicas culturas em comum. Matemática é a língua da ciência — desde que os babilônios criaram seu calendário e previram eclipses. (Alguns de nós consideraríamos, da mesma forma, a música como língua da religião.)

Paul Dirac, um dos pioneiros da teoria quântica, mostrou como a lógica interna da matemática pode indicar o caminho rumo a novas descobertas. Dirac alegou que "o método de avanço mais poderoso é empregar todos os recursos da matemática pura em tentativas de aperfeiçoar e generalizar o formalismo matemático que forma a base existente da física teórica e — depois de cada sucesso nessa direção — tentar interpretar os novos feitos matemáticos em termos de entidades físicas".[3] Foi sua abordagem — seguir a matemática por onde for — que trouxe a ideia de antimatéria a Dirac: "antielétrons", agora conhecidos como pósitrons, foram descobertos alguns anos depois que ele formulou uma equação que pareceria estranha sem eles.

Teóricos contemporâneos, com as motivações de Dirac, esperam entender a realidade em um nível mais profundo, explorando conceitos como a teoria das cordas, envolvendo escalas muito menores do que podemos examinar diretamente. Do mesmo modo, no outro extremo, há quem explore teorias cosmológicas que sugerem que o universo é muito mais extenso do que o "recorte" que conseguimos observar com nossos telescópios (ver seção 4.3).

Cada estrutura do universo é composta de "blocos de construção" básicos, governados por leis matemáticas. No entanto, as estruturas geralmente são muito complicadas de serem calculadas mesmo pelos computadores mais potentes. Mas talvez em um futuro distante a inteligência pós-humana (não na forma orgânica, mas na de objetos que evoluem de forma autônoma) desenvolverá hipercomputadores com capacidade de processamento para simular coisas vivas — talvez até mesmo mundos inteiros. Talvez seres avançados poderiam usar hipercomputadores para simular um "universo" que não seja de meros padrões em um tabuleiro xadrez (como o jogo de Conway) ou mesmo como os melhores "efeitos especiais" de filmes ou jogos de computador. Imagine que pudessem simular um universo tão complexo como o que percebemos como nosso. Surge, então, um pensamento desconcertante (além de uma especulação ousada): talvez seja isso que realmente somos!

## 4.2 ENCONTRANDO SENTIDO EM NOSSO MUNDO COMPLEXO

Possibilidades que outrora pertenciam apenas à ficção científica tornaram-se debates científicos sérios. Dos primeiros momentos do big bang às possibilidades de vida alienígena, cientistas são levados a mundos ainda mais estranhos do que os imaginados por autores de ficção. À primeira vista, pode-se pensar que é presunçoso alegar — ou mesmo tentar — que se entende o cosmo distante quando há tanto dele ao nosso alcance que nos deixa perplexos. Não há nada de paradoxal a respeito do todo ser mais simples do que suas partes. Imagine um tijolo comum — sua forma pode ser descrita em poucos números. Mas, se você estilhaçá-lo, os fragmentos não podem ser descritos de forma tão sucinta.

O progresso científico parece irregular. Por mais estranho que possa parecer, alguns dos fenômenos mais bem compreendidos estão distantes no cosmo. Ainda no século XVII, Newton conseguia descrever o "mecanismo dos céus"; eclipses eram compreendidos e previstos. Mas poucas outras coisas são tão previsíveis, mesmo quando entendidas. Por exemplo, é difícil prever, mesmo na véspera, se quem viajará para ver um eclipse encontrará céus limpos ou nublados. De fato, na maioria dos contextos, há um limite fundamental da antecedência que podemos prever. Isso porque contingências ínfimas — como se uma borboleta bate asas ou não — têm consequências que crescem exponencialmente. Por motivos assim, até a computação mais refinada não consegue prever o clima da Inglaterra mesmo com poucos dias de antecedência. (Mas — e isso é importante — isso não invalida previsões de mudanças climáticas em longo prazo nem enfraquece nossa confiança de que será mais frio em janeiro do que em julho no hemisfério norte.)

Atualmente, astrônomos podem atribuir com confiança pequenas vibrações em um detector de ondas gravitacionais a uma "colisão" entre dois buracos negros a mais de 1 bilhão de anos-luz da Terra.[4] Em contrapartida, nosso entendimento de algumas questões familiares que interessam a todos nós — dietas e cuidados infantis, por exemplo — é tão ínfimo que conselhos de "especialistas" mudam todos os anos. Quando eu era jovem, leite e ovos eram considerados saudáveis; uma década depois eles foram considerados perigosos por conta de seu alto teor de colesterol; e agora eles parecem ter sido considerados inofensivos novamente. Portanto, os amantes de chocolates e queijos talvez não precisem esperar muito tempo até que alguém diga que essas comidas são saudáveis. E ainda não há cura para várias das doenças mais comuns.

Mas, na verdade, não é paradoxal termos obtido compreensão segura dos fenômenos cósmicos misteriosos e remotos enquanto ficamos atordoados com coisas cotidianas. É porque a astronomia lida com fenômenos muito menos complexos do que as ciências humanas e biológicas (até menos do que as ciências ambientais "locais").

* * *

Então como deveríamos definir ou medir a complexidade? Uma definição formal foi sugerida pelo matemático russo Andrey Kolmogorov: a complexidade de um objeto depende da extensão do menor programa de computador que poderia gerar sua descrição completa.

Algo feito apenas de poucos átomos não pode ser muito complicado. Coisas grandes também não precisam ser complexas. Considere, por exemplo, um cristal — ainda que fosse grande, não seria chamado de complexo. A receita de (por exemplo) um cristal de sal, é curta: pegue átomos de sódio e cloro e os comprima, muitas vezes, para fazer uma malha cúbica. Por outro lado, se você fatiar um cristal grande, haverá pouca mudança até que ele seja reduzido à escala de átomos individuais. Apesar de sua grandeza, uma estrela também é relativamente simples. Seu núcleo é tão quente que nenhuma substância química pode existir nele (moléculas complexas se desfazem); ele é basicamente um gás amorfo de núcleos atômicos e elétrons. Na verdade, buracos negros, por mais que pareçam exóticos, estão entre as entidades mais simples da natureza. Eles podem ser descritos precisamente por equações tão simples quanto as que descrevem um só átomo.

Nossos objetos de alta tecnologia são complexos. Por exemplo, um chip de silício com 1 bilhão de transístores possui estruturas de todos os níveis, até uma escala atômica. Mas o mais complexo de tudo são os seres vivos. Um animal tem uma estrutura interna interconectada em diferentes escalas — das proteínas em células simples, até membros e órgãos maiores. Ele não preserva sua essência se for fatiado. Ele morre. Humanos são mais complexos do que átomos ou estrelas (e, incidentalmente, estão entre ambos em massa; e são necessários tantos corpos humanos para se equiparar ao Sol quanto há de átomos em cada um de nós). A receita genética de um ser humano está codificada em 3 bilhões de elos de DNA. Mas não somos completamente determinados por nossos genes; somos moldados por nosso ambiente e experiências. As coisas mais complexas que sabemos sobre o universo estão em nossos próprios cérebros. Pensamentos e memórias (codificadas por neurônios no cérebro) são muito mais variados do que genes.

Porém há uma diferença importante entre a "complexidade de Kolmogorov" e se algo realmente parece complicado. Por exemplo, o Jogo da Vida de Conway leva a estruturas aparentemente complicadas. Mas todas elas podem ser descritas por um programa simples: comece com um ponto de partida específico e então faça iterações, repetidamente. O padrão fractal intrincado do conjunto de Mandelbrot também é, igualmente, o resultado de um algoritmo simples. Mas essas são exceções. A maioria das coisas de nosso ambiente cotidiano são muito complexas para serem previstas, ou sequer plenamente descritas em detalhes. Mas muito de sua essência pode ainda assim ser capturada por alguns insights cruciais. Nossa perspectiva foi transformada por grandes ideias unificadoras. O conceito de deslocamento continental (placas tectônicas) nos ajuda a compor muitos padrões geológicos e ecológicos ao redor do mundo. A visão de Darwin — evolução por meio de seleção natural — revela a união abrangente de toda a rede de vida deste planeta. E a dupla hélice de DNA revela a base universal da hereditariedade. Há padrões na natureza. Há padrões até mesmo sobre como humanos se comportam — em como cidades crescem, como epidemias se propagam e como se desenvolvem tecnologias como chips de computadores. Quanto mais entendemos o mundo, menos estarrecedor ele se torna e mais somos capazes de mudá-lo.

As ciências podem ser vistas como uma hierarquia, ordenadas como os andares de um prédio, com quem lida com sistemas mais complexos nos andares mais altos: física de partículas no porão, depois o resto de física, então química, biologia celular, botânica e zoologia e então as ciências humanas e comportamentais (com os economistas exigindo a cobertura).

O "ordenamento" das ciências nessa hierarquia não é controverso. Mas o que é mais controverso é o sentido no qual as "ciências do térreo" — especialmente a física de partículas — são mais profundas ou fundamentais do que as outras. De certo modo, elas realmente são. Como o físico Steven Weinberg destacou: "Todas as setas apontam para baixo." Dizendo de outro modo, se você continuar perguntando o porquê de tudo, acabará no nível das partículas. Cientistas são quase reducionistas no sentido de Weinberg; eles têm confiança de que tudo, independentemente da complexidade, é uma solução da equação de Schrödinger — ao contrário dos "vitalistas" de eras passadas, que pensavam que criaturas vivas tinham uma infusão de algum tipo de "essência" especial. Mas esse reducionismo não é conceitualmente útil. Como outro grande físico, Philip Anderson, enfatizou, "mais é diferente"; sistemas macroscópicos que contêm grandes números de partículas manifestam propriedades "emergentes" e são melhor compreendidos em termos de novos conceitos adequados ao nível do sistema.

Mesmo um fenômeno sem mistérios como o fluxo da água em canos ou rios é compreendido em termos de conceitos "emergentes" como viscosidade e turbulência. Especialistas em mecânica de fluídos não se importam que a água seja feita de moléculas de $H_2O$; eles enxergam a água como um contínuo. Mesmo que tivessem um hipercomputador que pudesse resolver a equação de Schrödinger para o fluxo, átomo por átomo, a simulação resultante não forneceria nenhuma informação nova sobre como as ondas quebram ou o que deixa o fluxo turbulento. E novos conceitos irredutíveis são ainda mais cruciais para o nosso entendimento de fenômenos realmente complicados — por exemplo, aves migratórias ou cérebros humanos. Fenômenos em diferentes níveis de hierarquia são compreendidos em termos de conceitos diferentes — turbulência, sobrevivência, prontidão e assim por diante. O cérebro é um conjunto de células; uma pintura é um conjunto de pigmentos. Mas o importante e interessante são o padrão e a estrutura — a complexidade emergente.

Por isso a analogia do prédio é pobre. Toda a estrutura de um edifício é ameaçada por fundações fracas. Por outro lado, as ciências de "nível mais alto" que lidam com sistemas complexos não são vulneráveis a uma base insegura como um prédio seria. Cada ciência tem seus próprios conceitos e modos distintos de explicação. O reducionismo é, de certo modo, real. Mas raramente é verdade em sentido *útil.* Somente cerca de 1% dos cientistas são físicos de partícula ou cosmólogos. Os outros 99% trabalham em níveis "mais altos" da hierarquia. Eles são desafiados pela complexidade de sua área de estudo — não por quaisquer deficiências em nosso entendimento de física subnuclear.

## 4.3 ATÉ ONDE SE ESTENDE A REALIDADE FÍSICA?

O Sol se formou há cerca de 4.5 bilhões de anos, mas ele ainda tem cerca de 6 bilhões de anos até seu combustível acabar. Então, ele vai entrar em combustão, engolindo os planetas próximos. E o universo em expansão vai continuar — talvez para sempre — destinado a se tornar cada vez mais frio e mais vazio. Citando Woody Allen, a eternidade é muito longa, especialmente perto do fim.

Quaisquer criaturas que testemunhem o desaparecimento do Sol não serão humanas — serão tão diferentes de nós quanto somos de um inseto. A evolução pós-humana — aqui na Terra e muito além — poderia ser tão prolongada quanto a evolução darwiniana que levou a nós — e até mais maravilhosa. E a evolução agora está acelerando; ela pode acontecer por meio de "design inteligente" em uma escala temporal tecnológica, operando muito mais rápido do que a seleção natural e guiada por avanços genéticos e de inteligência artificial (IA). O futuro em longo prazo provavelmente será de "vida" eletrônica em vez de orgânica (ver seção 3.3).

Em termos cosmológicos (ou de fato em uma escala temporal darwiniana) um milênio é apenas um instante. Então vamos "avançar rapidamente" não só alguns séculos, ou mesmo alguns milênios, mas em uma escala de tempo "astronômica" e milhões de vezes mais longa do que isso. A "ecologia" de nascimentos e mortes estelares em nossa galáxia vai proceder gradativamente mais devagar, até ser abalada pelo "choque ambiental" de um impacto com a Galáxia Andrômeda, talvez daqui a 4 bilhões de anos. Os destroços de nossa galáxia, Andrômeda, e suas companheiras menores — que agora compõem o chamado de Grupo Local — vai, portanto, agregar-se em um enxame amorfo de estrelas.

Em uma escala cósmica, a atração gravitacional é suprimida por uma força misteriosa latente no espaço vazio que empurra galáxias para longe umas das outras. Galáxias aceleram e desaparecem no horizonte — como uma versão reversa do que acontece quando algo cai em um buraco negro. Tudo que for deixado à vista, depois de 100 bilhões de anos, serão as estrelas mortas ou quase mortas de nosso Grupo Local. Mas elas poderiam continuar por trilhões de anos assim — tempo suficiente, talvez, para a tendência de longo prazo de sistemas vivos atingirem a complexidade e "entropia negativa" até atingirem um ápice. Todos os átomos que uma vez estiveram em estrelas e gás poderiam ser transformados em estruturas tão complexas quanto as de um organismo vivo ou um chip de silício —, mas em uma escala cósmica. Diante do escurecimento do cenário, prótons seriam decompostos, partículas de matéria negra seriam aniquiladas, ocorreriam lampejos ocasionais quando os buracos negros evaporassem — e então silêncio.

Em 1979, Freeman Dyson (já mencionado na seção 2.1) publicou um artigo, agora clássico, cujo objetivo era "estabelecer limites numéricos dentro dos quais deve permanecer o destino do universo".[5] Mesmo que toda a matéria fosse perfeitamente convertida em um computador ou superinteligência, ainda haveria limites de quanta informação poderia ser processada? Uma quantidade irrestrita de pensamentos poderia ser pensada? A resposta depende de cosmologia. Utiliza-se menos energia para executar processamentos computacionais em baixas temperaturas. No universo em que parecemos estar, o limite de Dyson seria finito, mas seria maximizado se os "pensadores" ficassem refrigerados e pensassem devagar.

Nosso conhecimento de espaço e tempo é incompleto. A relatividade de Einstein (que descreve a gravidade e o cosmo) e o princípio quântico (crucial para entender a escala atômica) são os dois pilares da física do século XX, mas uma teoria que unifica ambos ainda não foi completada. As ideias atuais sugerem que o progresso dependerá do entendimento completo do que pode parecer a entidade mais simples de todas — o "mero" espaço vazio (o vácuo) é a arena onde tudo acontece; ele pode ter uma textura rica, mas em escala 1 trilhão de trilhão de vezes menor que um átomo. Segundo a teoria das cordas, cada "ponto" no espaço comum poderia, se visualizado com essa ampliação, ser revelado como um origami dobrado firmemente em diversas outras dimensões.

As mesmas leis fundamentais se aplicam em todo o domínio do que podemos visualizar com telescópios. Se não fosse assim — se os átomos tivessem comportamento "anárquico" — não teríamos feito progresso algum no entendimento do universo observável. Mas esse domínio observável pode não ser completamente da realidade física; alguns cosmólogos especulam que "nosso" big bang não foi o único — que a realidade física é grande o suficiente para abranger um "multiverso" inteiro.

Conseguimos ver apenas um volume finito — um número finito de galáxias. Isso porque essencialmente há um horizonte, uma redoma à nossa volta, delineando a maior distância que a luz percorre para nos alcançar. Mas essa redoma não tem mais significância física do que o círculo que delineia seu horizonte se você estiver no meio do oceano. Mesmo astrônomos conservadores confiam que o volume de espaço-tempo ao alcance de nossos telescópios — o que os astrônomos costumam chamar de "o universo" — é apenas uma fração ínfima do que veio depois do big bang. Esperamos que muito mais galáxias sejam localizadas além do horizonte, inobserváveis, cada uma (junto com quaisquer inteligências que ela hospede) evoluirá de modo similar à nossa.

É uma ideia conhecida que se macacos suficientes tivessem tempo suficiente, escreveriam as obras de

Shakespeare (e de fato todos os outros livros, dentro de cada linha concebível de jargões). Essa afirmação é matematicamente correta. Mas o número de "falhas" que precederia o sucesso eventual está na casa dos 10 milhões de dígitos. Até o número de átomos do universo visível tem 80 dígitos. Se todos os planetas de nossa galáxia estivessem repletos de macacos, que estivessem digitando desde a formação dos planetas, então o melhor que eles teriam feito até agora seria apenas um soneto (a produção deles incluiria pequenos trechos coerentes de todas as literaturas do mundo, mas nenhuma obra completa). Produzir um conjunto de letras específico do tamanho de um livro é tão imensamente improvável que não aconteceria sequer uma vez dentro do universo observável. Quando jogamos dados, eventualmente tiramos 6 sucessivas vezes, mas não é esperado (a menos que sejam dados viciados) conseguir tirar 6 mais de 100 vezes seguidas mesmo que tentemos por 1 bilhão de anos.

No entanto, se o universo se estender o suficiente, tudo poderia acontecer — em algum lugar muito além do nosso horizonte poderia existir até mesmo uma réplica da Terra. Isso exige que o espaço seja MUITO grande — descrito por um número que não possua meramente 1 milhão de dígitos, mas sim 10 elevado a 100 dígitos: um número 1 acompanhado de 100 zeros. Dez elevado a 100 é chamado de um googol, e um número com um googol de zeros é um googolplex.

Com tempo e espaço suficientes, todas as cadeias de eventos concebíveis poderiam se desenrolar em algum lugar, embora quase todas acontecessem distante do alcance de quaisquer observações que poderíamos realmente fazer. As opções combinatórias poderiam abranger réplicas de nós mesmos, fazendo todas as escolhas possíveis. Sempre que uma escolha precisa ser feita, uma das réplicas escolherá cada uma das opções. Você pode sentir que sua escolha é "determinada". Mas pode haver um consolo no fato de que, em algum lugar distante (muito além do horizonte de nossas observações) você tem um avatar que escolheu a opção oposta.

Tudo isso pode ser englobado no resultado do "nosso" big bang, que pode se estender a um volume estupendo. Mas isso não é tudo. O que tradicionalmente chamamos de "o universo" — o resultado de "nosso" big bang — pode ser só uma ilha, apenas uma porção de espaço e tempo em um arquipélago provavelmente infinito. Pode ter havido vários big bangs, não apenas um. Cada um constituindo um "multiverso" que pode ter esfriado de forma diferente, talvez por isso governado por leis diferentes. Assim como a Terra é um planeta muito especial dentre zilhões de outros — em uma escala muito maior

—, nosso big bang pode ter sido também especial. Nessa perspectiva cósmica imensamente expandida, as leis de Einstein e o quantum podem ser meras diretrizes pífias governando nossa porção cósmica. Então, não apenas o espaço e o tempo seriam intrinsecamente "granulosos" em uma escala submicroscópica, como também, no outro extremo — em escalas muito maiores do que os astrônomos podem investigar — poderiam ter uma estrutura tão intrincada quanto a fauna de um ecossistema rico. Nosso conceito atual de realidade física pode ser restrito, em relação ao todo, como a perspectiva da Terra disponível para um plâncton cujo "universo" é uma colher de água.

Isso poderia ser verdade? Os físicos do século XXI são desafiados a responderem duas perguntas. Primeiro, houve vários big bangs em vez de um só? Segundo — e mais interessante ainda — se houve vários, todos eles seriam governados pela mesma física?

Se estivéssemos em um multiverso, isso poderia implicar uma quarta e maior revolução copernicana; tivemos a revolução copernicana em si, e então a descoberta de que há bilhões de sistemas planetários em nossa galáxia; e então que há bilhões de galáxias em nosso universo observável. Mas agora isso não é tudo. O panorama inteiro que os astrônomos conseguem observar pode ser uma pequena parte do resultado do "nosso" big bang, que por sua vez é só um big bang dentre um conjunto possivelmente infinito.

(À primeira vista, o conceito de universos paralelos pode parecer muito obscuro para ter qualquer impacto prático. Mas ele pode [em uma de suas variantes] na verdade oferecer a perspectiva de um tipo inteiramente novo de computadores: o computador quântico, que pode transcender os limites até mesmo do processador digital mais rápido compartilhando, efetivamente, o fardo computacional entre um número quase infinito de universos paralelos.)

Há 50 anos não tínhamos certeza da ocorrência de um big bang. Meu mentor em Cambridge, Fred Hoyle, por exemplo, contestou o conceito, em favor de um cosmo em "estado estável" que era eterno e imutável. (Ele nunca se converteu completamente — em seus anos seguintes ele se comprometeu com a ideia do que poderia ser chamado de "bang estável".) Agora temos provas suficientes para delinear a história cósmica até o primeiro e ultradenso nanossegundo — com tanta confiança quanto um geólogo infere a história primal da Terra. Então, em mais 50 anos, não é excessivamente otimista esperar que tenhamos uma teoria física "unificada", corroborada por experimentos e observações do mundo cotidiano, que seja abrangente o bastante para descrever o que aconteceu no primeiro trilionésimo de trilionésimo de trilionésimo de segundo — quando as densidades e energias eram muito mais altas do que o alcance em que as teorias atuais são aplicadas. Se essa teoria futura fosse prever múltiplos big bangs deveríamos levar essa previsão a sério, embora não possa ser verificada diretamente (assim como acreditamos no que a teoria de Einstein nos diz sobre o interior inobservável dos buracos negros, porque a teoria sobreviveu a diversos testes em domínios que podemos observar).

Podemos, ao fim deste século, ser capazes de perguntar se vivemos ou não em um multiverso e quanta variedade seus "universos" constituintes exibem. A resposta para essa pergunta determinará como devemos interpretar o universo "bioamigável" no qual vivemos (compartilhando-o com quaisquer alienígenas que possamos contatar algum dia).

Meu livro de 1997, *Before the Beginning*[6] [Antes do princípio, em tradução livre] especulou a respeito de um multiverso. Os argumentos foram parcialmente motivados pelo caráter aparentemente "biofílico" e bem sintonizado de nosso universo. Não seria surpreendente se a realidade física abarcasse um conjunto inteiro de universos que "ecoam as mudanças" de leis e constantes básicas. A maioria seria estéril ou natimorto, mas estaríamos em um deles em que as leis permitiram o surgimento de complexidade. Essa ideia tem sido apoiada pela teoria da "inflação cósmica" da década de 1980, que trouxe novas perspectivas a respeito de como nosso universo observável inteiro poderia ter "brotado" de um evento microscópico. Ela recebeu mais atenção séria quando estudiosos da teoria das cordas começaram a favorecer a possibilidade de diversos vácuos diferentes — cada um como uma arena de microfísica governada por leis diferentes.

Desde então acompanhei de perto mudanças de opinião e o surgimento dessas ideias (declaradamente especulativas). Em 2001, ajudei a organizar uma conferência sobre esse tema. Ela aconteceu em Cambridge, mas não na universidade. A organizei em minha casa, uma chácara nos arredores da cidade, em um celeiro adaptado que oferecia uma localidade deveras austera para nossas discussões. Alguns anos depois, tivemos uma conferência de continuação. Dessa vez o local foi bem diferente: uma sala bem grande no Trinity College, com um retrato de Newton (o aluno mais famoso da faculdade) atrás do palco.

O teórico Frank Wilczek (famoso por seu papel, enquanto ainda era estudante, na formulação do que é chamado de "modelo padrão" da física de partículas) compareceu nas duas reuniões. Quando discursou na segunda, comparou a atmosfera dos dois encontros.

Ele descreveu os físicos na primeira reunião como vozes "marginais" no deserto, que por muitos anos promoveram discussões estranhas sobre conspirações entre as constantes fundamentais e universos alternativos. Suas preocupações e abordagens pareciam totalmente alienígenas à vanguarda de consenso dos físicos teóricos, que estava ocupada construindo com sucesso um universo único e matematicamente perfeito. Mas, na segunda reunião, ele notou que "a vanguarda caminhou para se juntar aos profetas no deserto".

Há alguns anos, estive em um congresso na Universidade de Stanford no qual seu presidente nos perguntou: "Em uma escala, 'você apostaria seu peixinho, seu cachorro ou sua vida' no quanto você confia no conceito de multiverso?" Eu disse que estava quase no nível do cachorro. Andrei Linde, um cosmólogo russo que passou 25 anos promovendo uma teoria de "inflação eterna" disse que ele quase apostaria sua vida. Mais tarde, depois de ouvir isso, o ilustre teórico Steven Weinberg disse que ficaria feliz em apostar o cachorro de Martin Rees e a vida de Andrei Linde.

Andrei Linde, meu cachorro e eu estaremos mortos antes disso tudo ser resolvido. Não é metafísica. É altamente especulativo. Mas é uma ciência empolgante. E pode ser verdade.

## 4.4 A CIÊNCIA CHEGARÁ A UM LIMITE?

Um aspecto da ciência é que quanto mais as fronteiras do nosso conhecimento se expandem, novos mistérios, pouco além das fronteiras, recebem maior foco. Descobertas inesperadas têm sido sempre empolgantes em meu próprio campo da astronomia. Em cada campo haverá, em cada estágio, as "incógnitas desconhecidas". (Donald Rumsfeld foi ridicularizado por falar isso em um contexto diferente —, mas é claro que ele estava certo e poderia ter sido melhor para o mundo caso tivesse se tornado um filósofo.) Mas há uma questão mais profunda. Há coisas que jamais saberemos, porque estão além da capacidade mental humana de compreensão? Nossos cérebros são capazes de entender todos os aspectos-chave da realidade?

Na verdade, deveríamos nos maravilhar com o quanto entendemos. A intuição humana evoluiu para lidar com fenômenos cotidianos que nossos ancestrais encontraram na savana africana. Nossos cérebros não mudaram muito desde aquela época, então é notável que consigam compreender os comportamentos contraintuitivos do mundo quântico e do cosmo. Supus anteriormente que as respostas de muitos mistérios atuais terão atenção especial nas próximas décadas. Mas talvez nem todas; alguns aspectos-chave da realidade podem estar além do nosso entendimento conceitual. Eventualmente, podemos chegar ao "nosso limite"; podem haver fenômenos cruciais ao nosso destino no longo prazo e ao entendimento pleno da realidade física, dos quais não estamos cientes, não mais do que um macaco compreende a natureza das estrelas e galáxias. Se alienígenas existem, alguns podem ter "cérebros" que estruturam suas consciências de modo que não conseguimos conceber e que tenham uma percepção bem diferente da realidade.

Já estamos sendo auxiliados pela capacidade computacional. Dentro do "mundo virtual" de um computador, astrônomos podem simular a formação de galáxias ou colidir outro planeta com a Terra para ver se foi assim que a Lua se formou; meteorologistas podem simular a atmosfera para obter a previsão do tempo e prever tendências climáticas em longo prazo; neurocientistas podem simular como neurônios interagem. Assim como videogames se tornam mais elaborados à medida que seus consoles ficam mais potentes, também cresce a capacidade de um computador e esses experimentos "virtuais" se tornam mais realísticos e úteis.

Além do mais, não há motivo para que computadores não consigam fazer descobertas que têm confundido cérebros humanos sem auxílio. Por exemplo, algumas substâncias são condutoras perfeitas de eletricidade quando resfriadas a temperaturas muito baixas (supercondutores). Há uma busca contínua para encontrar a "receita" de um supercondutor que funcione em temperatura ambiente (a temperatura de supercondução mais alta obtida até agora é cerca de -135° Celsius em pressão normal ou ligeiramente mais alta, e cerca de -70° Celsius para sulfeto de hidrogênio sob uma pressão muito alta). Isso tornaria possível a transmissão transcontinental de energia sem perdas, e trens "mag-lev" eficientes.

A busca envolve muita "tentativa e erro". Mas está se tornando possível calcular as propriedades de materiais, e fazer isso tão rápido que milhões de alternativas possam ser computadas, muito mais rapidamente do que experimentos possam ser executados. Imagine que uma máquina obtenha uma receita única e bem-sucedida. Ela pode ter obtido sucesso assim como o AlphaGo. Mas teria obtido algo que renderia um prêmio Nobel a um cientista. Ela teria que se comportar como se tivesse intuição e imaginação dentro de seu universo deveras especializado — assim como o AlphaGo desconcertou e impressionou campeões humanos com alguns de seus movimentos. Do mesmo modo, buscas pela composição química otimizada para novas drogas serão cada vez mais feitas por computadores em vez de experimentos reais, do mesmo modo que há anos engenheiros aeronáuticos têm simulado o fluxo de ar em asas usando cálculos em computadores, em vez de dependerem de experimentos em túneis de vento.

A capacidade de discernir pequenas tendências ou correlações "calculando" enormes conjuntos de dados é igualmente importante. Para usar um exemplo da genética, qualidades como inteligência e altura são determinadas por combinações de genes. Identificar essas combinações exigiria uma máquina rápida o suficiente para escanear enormes amostras de genomas para identificar pequenas correlações. Procedimentos semelhantes são usados por operadores financeiros buscando tendências de mercado, e respondendo a elas rapidamente, para que seus investidores tenham acesso a fundos melhores que os demais.

Minha afirmação de que há limites para o que os cérebros humanos conseguem entender, foi, por acaso, contestada por David Deutsch, um físico pioneiro dos conceitos-chave da "computação quântica". Em seu excelente e provocante livro, *The Beginning of Infinity*[7] [O Início do Infinito, em tradução livre], apontou que qualquer processo é a princípio computável. Isso é verdade. No entanto, ser capaz de computar algo não é a mesma coisa que ter compreensão precisa desse algo. Considere um exemplo da geometria, no qual pontos em um plano são designados por dois números, a distância ao longo do eixo *x* e ao longo do eixo *y*. Qualquer um que já tenha estudado geometria na escola reconheceria a equação $x^2 + y^2 = 1$ que descreve um círculo. O famoso conjunto de Mandelbrot é descrito por um algoritmo que pode ser escrito em poucas linhas. E sua forma pode ser traçada mesmo por um computador de capacidade modesta — sua "complexidade Kolmogorov" não é alta. Mas nenhum humano que tiver apenas o algorismo consegue compreender e visualizar esse padrão "fractal" imensamente complicado da mesma forma que visualizaria um círculo.

Devemos esperar mais avanços dramáticos nas ciências durante este século. Muitas questões que agora nos deixam perplexos serão respondidas e novas questões que nem conseguimos conceber hoje serão propostas. Portanto, deveríamos ter a mente aberta para a possibilidade de que, apesar de todos os nossos esforços, algumas verdades fundamentais sobre a natureza podem ser complexas demais para cérebros humanos compreenderem sem auxílio. Na verdade, talvez jamais entendamos o mistério desses cérebros em si — como átomos podem se organizar na "massa cinzenta" que pode se tornar ciente de si e ponderar suas origens. Ou talvez qualquer universo complicado o bastante para abrigar nosso surgimento seja por essa razão complicado demais para ser entendido por nossas mentes.

A questão de o futuro estar nas mãos de pós-humanos orgânicos ou de máquinas inteligentes é um tema a ser debatido. Mas seríamos muito antropocêntricos se acreditássemos que uma compreensão plena da realidade física está dentro da compreensão humana, e que não restará nenhum enigma para desafiar nossos descendentes pós-humanos.

## 4.5 E QUANTO A DEUS?

Se a pergunta número um feita para astrônomos é "Estamos sozinhos?", então a pergunta número dois, certamente é: "Você acredita em Deus?" Minha resposta conciliadora é que não, mas que compartilho um senso de admiração e mistério com muitos que acreditam.

A interface entre ciência e religião ainda gera controvérsias, mesmo que não tenha havido mudanças essenciais desde o século XVII. As descobertas de Newton geraram uma porção de respostas religiosas (e antirreligiosas). Então, Charles Darwin gerou ainda mais respostas no século XIX. Os cientistas de hoje demonstram diversas atitudes religiosas; há fiéis tradicionais e também ateístas linha-dura entre eles. Minha visão pessoal

— que é entediante para quem deseja promover um diálogo construtivo (ou mesmo só um debate não construtivo) entre ciência e religião — é que se aprendemos algo na busca pela ciência, é que mesmo algo tão básico quanto um átomo é bem difícil de entender. Isso deveria induzir ceticismo quanto a qualquer dogma, ou qualquer alegação que tenha obtido mais do que um pensamento bastante incompleto e metafórico em qualquer aspecto profundo da existência. Como disse Darwin, em uma carta ao biólogo americano Asa Gray: "Sinto que todo esse assunto é profundo demais para o intelecto humano. Um cão pode igualmente especular sobre a mente de Newton. Que cada homem tenha a esperança e crença que desejar."[8]

Criacionistas acreditam que Deus criou a Terra mais ou menos como ela é — sem deixar nenhum escopo para o surgimento de novas espécies ou complexidade aprimorada e sem muita atenção ao todo do cosmo. É impossível refutar, por meio de lógica pura, mesmo alguém que diga que o universo foi criado há uma hora, junto com todas as nossas lembranças e todos os vestígios de história anterior. Conceitos "criacionistas" ainda têm respaldo de muitos evangélicos norte-americanos e em partes do mundo muçulmano. No Kentucky há um "museu da criação" com o que seus produtores descrevem como uma Arca de Noé em "escala real", com 155 metros, construída por 150 milhões de dólares.

Uma variante mais sofisticada — "design inteligente" — agora está mais em voga. Esse conceito aceita a evolução, mas nega que a seleção natural aleatória possa ser responsável pela cadeia de eventos imensamente longa que causou nosso surgimento. A maioria é compreendida por estágios nos quais um componente-chave de coisas vivas parece precisar de uma série de passos evolucionários em vez de um só salto, mas de modo que os passos intermediários em si não trariam nenhuma vantagem à sobrevivência. Mas esse estilo de argumento é semelhante ao criacionismo tradicional. O "crente" concentra-se em alguns detalhes (e existem muitos) que não são entendidos ainda e alega que o mistério corrente constitui uma falha fundamental na teoria. Qualquer coisa pode ser "explicada" evocando intervenções sobrenaturais. Logo, se o sucesso é medido pela existência de uma explicação, não importa quão "excêntrica" ela seja, então os "designers inteligentes" sempre vencerão.

Mas uma explicação só tem valor desde que integre fenômenos discrepantes e os relacione em um só princípio basal ou ideia unificada. Um exemplo é a seleção natural darwiniana exposta em *A Origem das Espécies*, um livro que ele descreveu como "uma longa discussão". Na verdade, a primeira grande ideia unificadora foi a lei da gravidade de Newton, identificando o conhecido empuxo gravitacional que nos mantém no chão e faz uma maçã cair com a força que mantém a lua e os planetas em suas órbitas. Graças a Newton, não precisamos registrar a queda de cada maçã.

O design inteligente remete a argumentos clássicos: um design exige um designer. Há dois séculos, o teólogo William Paley introduziu a metáfora agora conhecida do relógio e do relojoeiro — usando como exemplo os olhos, os polegares opositores, e assim por diante, como evidências de um Criador benigno.[9] Atualmente, vemos qualquer artimanha biológica como resultado de uma seleção evolucionária prolongada e a simbiose com seus arredores. Os argumentos de Paley caíram em desuso mesmo entre teólogos.[10]

A visão de astronomia de Paley era de que ela não era a ciência mais frutífera para fornecer evidências de design, mas que "se for comprovada, mostra, acima de tudo, a escala das operações [do Criador]". Paley poderia ter reagido de forma diferente se soubesse da física aparentemente providencial que levou às galáxias, estrelas, planetas e aos elementos distintos da tabela periódica. O universo evoluiu de um começo simples — um 'big bang" — especificado por uma receita deveras pequena. Mas as leis da física são "dadas" em vez de terem evoluído. Afirmações de que essa receita parece muito especial não podem ser descartadas tão prontamente como as "evidências" biológicas de Paley (e uma possível explicação em termos de um multiverso é mencionada na seção 4.3).

Um equivalente moderno de Paley, o ex-físico matemático John Polkinghorne, interpreta nosso habitat bem sintonizado como "a criação de um Criador que deseja que seja assim".[11] Tive alguns debates públicos geniais com Polkinghorne; ele me deu aulas de física quando eu era aluno de Cambridge. A linha que sigo é que sua teologia é muito restrita para ser crível. Ele não abraça o "design inteligente", mas acredita que Deus pode influenciar o mundo com toques ou alterações em locais e momentos quando o resultado for especialmente responsivo a mudanças pequenas — impacto máximo com um esforço mínimo e prontamente oculto.

Quando me encontro com o clero cristão (ou seus equivalentes de outras fés), tento indagar sobre o que consideram ser a "base" — "o mínimo de teoria" que deve ser aceito entre seus adeptos. É claro que muitos cristãos consideram a ressurreição como um evento histórico e físico. Polkinghorne certamente considera; ele se porta como físico, dizendo que Cristo fez a transição para um estado exótico de matéria que recairá sobre o resto de nós quando o apocalipse chegar. E em sua mensagem de Páscoa de 2018, o arcebispo de Canterbury, Justin Welby, disse que se a ressurreição for "só uma história ou metáfora, francamente, eu deveria me demitir de meu cargo". Mas quantos católicos acreditam de fato em dois milagres — a parte "prática" do exame — que um candidato em potencial deve obter para se qualificar para a santidade? Fico genuinamente perplexo que tantos tenham uma fé que tenha tanto conteúdo literal.

Eu me descreveria como um cristão praticante, mas descrente. O conceito paralelo é familiar entre os judeus: há muitos que seguem observações tradicionais — acender velas na sexta à noite e assim por diante. Mas isso não quer dizer que eles tratem sua religião com primazia, e menos ainda alegam que seja a única verdade. Eles podem até mesmo se descrever como ateus. Do mesmo modo, como um "cristão cultural", estou contente em participar (embora irregularmente) de quaisquer rituais da igreja anglicana com os quais sou familiarizado desde minha tenra infância.

Ateístas rígidos focam demais, no entanto, em dogmas religiosos e no que é chamado de "teologia natural" — buscando evidências do sobrenatural no mundo físico. Eles devem conhecer pessoas "religiosas" que definitivamente não são ignorantes nem ingênuas. Atacando a religião convencional vigente, em vez de almejar a coexistência pacífica com ela, eles enfraquecem a aliança contra o fundamentalismo e o fanatismo. Também enfraquecem a ciência. Se um jovem muçulmano ou cristão evangélico ouvir que não pode seguir seu Deus e aceitar a evolução, vão optar por Deus e se perderão da ciência. Adeptos da maioria das religiões concedem alta importância aos aspectos comuns e aos rituais de sua fé — inclusive muitos deles podem priorizar rituais em detrimento de crença. Quando tantas coisas nos dividem, e as mudanças ocorrem absurdamente rápido, tais rituais compartilhados oferecem vínculos dentro de uma comunidade. E tradições religiosas, conectando adeptos com gerações passadas, deveriam fortalecer nossa preocupação em não deixar um mundo degradado para as gerações vindouras.

Essa linha de pensamento se conecta a meu tema final: como devemos responder aos desafios do século XXI e estreitar o abismo entre o mundo real e o mundo em que gostaríamos de viver e compartilhar com o resto da "criação"?

# 5

# CONCLUSÕES

## 5.1 FAZENDO CIÊNCIA

O Capítulo 1 deste livro destacou as transformações que ocorreram neste século — sem precedentes quanto a sua velocidade e no quanto afetam o meio ambiente. O Capítulo 2 concentrou-se nos avanços científicos que podemos esperar nas décadas seguintes, enfatizando os benefícios e também os dilemas éticos e o risco de distúrbios ou até mesmo catástrofes. O Capítulo 3 explorou horizontes maiores tanto em espaço quanto tempo — especulando sobre domínios muito além de nosso planeta, e as perspectivas de um futuro "pós-humano". O Capítulo 4 avaliou as perspectivas de entender mais profundamente a nós mesmos e ao mundo — o que podemos aprender, e o que pode estar para sempre além de nossa compreensão. Nas últimas páginas meu foco se aproximou da realidade aqui e agora — explorar, diante desse cenário, o papel dos cientistas. Faço distinção de suas obrigações especiais daquelas que recaem sobre todos nós, como humanos e como cidadãos preocupados com o futuro a ser herdado pelas gerações vindouras.

Mas, primeiramente, um esclarecimento importante: Estou usando "ciência" como um termo que abarca tanto tecnologia quanto engenharia. Elaborar e implementar um conceito científico com fins práticos pode ser um desafio maior do que a descoberta inicial. O cartum favorito de um dos meus colegas de engenharia exibe dois castores observando uma imensa barragem de hidrelétrica. Um castor diz para o outro: "Eu não construí isso, mas foi baseado na minha ideia." E eu gostaria de lembrar meus colegas teóricos que o engenheiro suíço Gideon Sundback, que inventou o zíper, deu um salto intelectual maior do que maioria de nós jamais dará.

Acredita-se que os cientistas sigam um procedimento distinto descrito como método científico. Essa crença deve cair em desuso. Seria mais legítimo dizer que cientistas seguem o mesmo estilo racional de raciocínio de advogados ou detetives quando categorizam fenômenos e avaliam evidências. Uma percepção errônea (e inclusive nociva) relacionada a isso é a presunção divulgada de que há algo especialmente "elitizado" a respeito da qualidade de seus pensamentos. A "habilidade acadêmica" é uma faceta de um conceito muito mais amplo de habilidade intelectual — possuída em igual medida pelos melhores jornalistas, advogados, engenheiros e políticos. E. O. Wilson (o ecologista citado na seção 1.4) declara que para ser eficiente em algumas áreas científicas é melhor não ser muito brilhante.[1] Ele não desmerece as intuições e momentos de eureka que pontuam (ainda que raramente) as carreiras de cientistas. Mas, como o especialista mundial em mais de 10 mil espécies de formigas, a pesquisa de Wilson envolveu décadas de labuta intensa: fazer teorias de poltrona não era suficiente. E, assim, há o risco de cair no tédio. E ele está correto quando diz que aqueles com baixa capacidade de prestar atenção — com "mentes de gafanhoto" — podem encontrar empregos mais satisfatórios (apesar de valerem menos a pena) como "negociantes de milissegundo" em Wall Street ou afins.

Cientistas normalmente prestam pouca atenção à filosofia, mas alguns filósofos concordam com eles. Karl Popper, em específico, interessou-se pelos cientistas da segunda metade do século XX.[2] Ele estava correto quando disse que uma teoria científica deve ser em princípio refutável. Se uma teoria é tão flexível — ou seus proponentes tão aparentemente mutáveis — que possa ser ajustada para se encaixar em qualquer eventualidade, então não é ciência legítima. A reincarnação é um exemplo. Em um conhecido livro, o biólogo Peter Medawar[3] de forma deveras controversa criticou a psicanálise freudiana em seus méritos, apertando com força no final: "Considerada em sua totalidade, a psicanálise não serve. Ela é um produto final, ademais, como um dinossauro ou zepelim, nenhuma teoria poderá algum dia ser erigida de suas ruínas, que permanecerão para sempre como um dos mais tristes e estranhos marcos na história do pensamento do século XX." Mas, apesar disso, a doutrina de Popper tem duas fraquezas. Primeiramente, a interpretação depende do contexto. Considere, por exemplo, o experimento de Michelson-Morley, que mostrou, no fim do século XIX, que a velocidade da luz (medida por um relógio no laboratório) era a mesma, independentemente da velocidade de movimento do laboratório — e a mesma em qualquer época do ano, apesar do movimento da Terra. Isso foi descoberto futuramente como uma consequência natural da teoria de Einstein. Mas, se o mesmo experimento tivesse sido executado no século XVII, poderia ser considerado como evidência de que a Terra não se move — e alegado como refutação a Copérnico. Segundo, é necessário julgamento para decidir o quão convincentes devem ser as evidências contrárias antes que uma teoria bem embasada seja abandonada. Como Francis Crick, codescobridor da estrutura do DNA, supostamente disse, se uma teoria concorda com todos os fatos, então ela é ruim, porque alguns "fatos" provavelmente estão errados.

Seguido apenas por Popper, está o filósofo americano Thomas Kuhn — com seu conceito de "ciência normal", pontuado por "mudanças de paradigma" — que obteve respaldo.[4] A revolução copernicana, que contrariou o conceito de um cosmo centrado na Terra, se qualifica como uma mudança de paradigma. E, assim, também a descoberta de que átomos são governados por efeitos quânticos — extremamente contraintuitivos e ainda misteriosos. Mas muitos dos discípulos de Kuhn (embora talvez não o próprio Kuhn) usam a frase muito livremente. Por exemplo, costuma-se alegar que Einstein destronou Newton. Mas é mais justo dizer que ele transcendeu Newton. A teoria de Einstein aplicou-se mais amplamente — a contextos onde forças são muito intensas ou velocidades muito altas — e trouxe uma compreensão muito mais profunda de gravidade, espaço e tempo. A modificação fragmentada de teorias, e sua absorção até outras novas e de maior generalidade, tem sido o padrão de maioria das ciências.[5]

As ciências exigem um rol de tipos diferentes de especialidade e de estilos; eles podem ser perseguidos por teóricos especulativos, experimentadores solitários, ecologistas reunindo dados em campo e por equipes quase industriais trabalhando em aceleradores de partículas gigantes ou grandes projetos espaciais. O mais comum é que trabalhos científicos envolvam colaboração e debates em um pequeno grupo de pesquisa. Algumas pessoas aspiram escrever um trabalho pioneiro inaugurando um tema; outros obtêm mais satisfação escrevendo uma monografia definitiva aparando as arestas e codificando um tópico que já tenha sido bem compreendido.

Na verdade, as ciências são tão diversificadas quanto esportes. Dificilmente a escrita genérica sobre esportes ultrapassará generalidades vazias — enaltecendo a linha competitiva da humanidade e afins. É mais interessante escrever sobre os aspectos distintos de um esporte em particular; são ainda mais instigantes as particularidades de jogos especialmente empolgantes e as personalidades de jogadores famosos. E assim é também com as ciências. Cada ciência em particular tem seus métodos e convenções. E o que mais atrai nosso interesse é o fascínio de uma descoberta ou pensamento individual.

O avanço cumulativo da ciência exige novas tecnologias e novos instrumentos — em simbiose, claro, com teoria e pensamento. Alguns instrumentos estão na escala "de mesa". No outro extremo, o Grande Colisor de Hádrons, no CERN, em Genebra, com nove quilômetros de diâmetro, é o instrumento científico mais elaborado do mundo no momento. Sua conclusão em 2009 gerou ovações entusiasmadas e grande interesse público, mas ao mesmo tempo questões foram levantadas, compreensivelmente, sobre os motivos de um investimento tão grande ser dedicado à ciência aparentemente obscura da física subnuclear. Mas o que há de especial nesse ramo da ciência é que seus praticantes em diversos países diferentes escolheram dedicar a maior parte de seus recursos ao longo de cerca de 20 anos para construir e operar um só instrumento amplo em uma colaboração conduzida pelos europeus. A contribuição anual feita pelas nações participantes (como o Reino Unido) soma apenas cerca de 2% do orçamento geral de ciências acadêmicas, o que não parece ser uma alocação desproporcional para um campo tão desafiador e fundamental. Essa colaboração global em um só projeto para vasculhar alguns dos mistérios mais fundamentais da natureza — e levar a tecnologia aos seus limites — certamente é algo digno de orgulho para nossa civilização. Do mesmo modo, instrumentos astronômicos são geridos por consórcios multinacionais, e alguns são de fato projetos globais — por exemplo, o radiotelescópio ALMA no Chile (sigla em inglês para Rede Ampla de Milímetros/Submilímetros, em tradução livre) tem participações da Europa, Estados Unidos e Japão.

Aqueles que embarcam em pesquisas devem escolher um tópico que combine com sua personalidade e também suas habilidades e gostos (trabalho de campo? Modelagem computacional? Experimentos de alta precisão? Tratar grandes conjuntos de dados? E afins). Além do mais, jovens pesquisadores podem esperar achar especialmente gratificante entrar em um campo onde as coisas estejam avançando rapidamente — onde há acesso a novas tecnologias, computadores mais potentes ou maiores bancos de dados — de modo que a experiência da geração mais velha já esteja defasada. E outra coisa: não é sábio ir direto rumo ao problema mais importante ou fundamental. Você deve multiplicar a importância do problema pela probabilidade de resolvê-lo, e maximizar o produto. Aspirantes a cientistas não devem, por exemplo, se reunir ao redor da unificação do cosmo e da quântica, mesmo que seja claramente um dos auges intelectuais que almejamos alcançar, e eles devem compreender que grandes desafios na pesquisa sobre o câncer e em ciências neurais precisam ser superados de forma fragmentada em vez de direta. (Conforme mencionado na seção 3.5, investigar a origem da vida fazia parte dessa categoria, mas agora parece oportuno e fácil como jamais visto até recentemente.)

E quanto àqueles que mudam para uma nova área da ciência no meio de suas carreiras? A capacidade de trazer novas ideias e novas perspectivas é um "bônus" — na verdade, os campos mais vibrantes geralmente ultrapassam fronteiras disciplinares tradicionais. Por outro lado, é senso comum que cientistas não melhoram com a idade — que eles se "esgotam". O físico Wolfgang Pauli fez uma crítica famosa a cientistas com mais de 30 anos: "Ainda tão jovens, e já tão desconhecidos." Mas espero que ser menos fatalista não seja só pensamento positivo da parte de um cientista. Aparentemente, há três destinos para nós. O primeiro e mais comum é um foco decrescente na pesquisa — às vezes compensado pelos esforços energéticos em outras direções, às vezes por um declínio rumo ao torpor. Um segundo caminho, seguido por alguns dos maiores cientistas, é uma diversificação pouco sábia e excessivamente confiante em outras áreas. Quem segue essa rota ainda está, sob seu próprio ponto de vista, "fazendo ciência" — eles querem compreender o mundo e o cosmo, mas não obtêm mais satisfação pesquisando no caminho fragmentado tradicional: eles se excedem, às vezes para o constrangimento de seus admiradores. Essa síndrome tem sido agravada pela tendência dos consagrados e idosos a se blindarem contra críticas — embora um dos muitos benefícios de uma sociedade menos hierárquica é que o isolamento agora é mais raro, pelo menos no ocidente; além do mais, a natureza cada vez mais colaborativa da ciência torna o isolamento menos provável. Mas há uma terceira via — a mais admirável. Trata-se de continuar a prática no que se é competente, aceitando que pode haver novas técnicas que os jovens podem assimilar mais facilmente do que os mais velhos, e que pode-se provavelmente aspirar alcançar um platô do que galgar maiores e novas altitudes.

Há algumas exceções de "florescimento tardio". Mas, apesar de haver muitos compositores cujas obras mais tardias sejam as mais aclamadas, há poucos cientistas que seguem assim. O motivo, creio eu, é que compositores, embora influenciados em suas juventudes (como cientistas) pela cultura e estilo prevalecentes da época, podem depois disso melhorar e se aprofundar unicamente por meio de "desenvolvimento interno". Cientistas, por outro lado, precisam absorver continuamente novos conceitos e técnicas se quiserem manter-se à frente — e isso se torna mais difícil com a idade.

Várias ciências — dentre elas astronomia e cosmologia — avançam a cada década de modo que os praticantes podem observar um "arco de progresso" durante suas carreiras. Paul Dirac, um líder na revolução extraordinária da década de 1920 que codificou a teoria quântica, disse que se tratava de uma era na qual pessoas de "segunda classe" faziam trabalho de "primeira classe". Para a sorte da minha geração de astrônomos, isso tem sido verdade em nossa área nas décadas mais recentes.

Os melhores laboratórios, assim como as melhores startups, deveriam ser incubadores otimizados de ideias originais e talentos jovens. Mas há uma tendência demográfica insidiosa que milita contra isso em universidades e institutos tradicionais. Há 50 anos, a profissão de ciência crescia exponencialmente, navegando na expansão da educação superior, e os jovens suplantaram os idosos em números; além do mais, era normal (e geralmente obrigatório) se aposentar na casa dos 60 anos. A comunidade acadêmica, pelo menos no ocidente, não está se expandindo muito (e em várias áreas atingiu níveis de saturação) e não há idade de aposentadoria compulsória. Em décadas passadas, era razoável alguém almejar liderar um grupo somente na casa dos 30 anos de idade —, mas atualmente é incomum obter a primeira concessão de pesquisa na comunidade biomédica dos Estados Unidos antes dos 40. Isso é um presságio muito ruim. A ciência sempre atrairá "nerds" que não conseguem imaginar-se em outras carreiras. E os laboratórios podem estar sempre cheios de pessoas contentes em concorrer a bolsas, que normalmente não conseguem patrocínio. Mas a profissão precisa atrair uma parcela daqueles com talento flexível e ambição de alcançar alguma coisa na casa dos 30 anos. Se essa perspectiva percebida se esvair, tais pessoas renegarão a academia, e talvez tentarão uma startup. Esse caminho oferece grande satisfação e benefício público — muitos deveriam segui-lo —, mas no longo prazo é importante que algumas pessoas assim se dediquem às fronteiras fundamentais. Os avanços da TI e computação são advindos de pesquisas básicas feitas em universidades de ponta — em alguns casos há quase um século. E os empecilhos encontrados na pesquisa médica surgem de fundamentos incertos. Por exemplo, o fracasso de drogas anti-Alzheimer em testes clínicos pode indicar que não se sabe o suficiente sobre o funcionamento do cérebro e que esse esforço deveria ser enfatizado novamente na ciência básica.

A expansão da riqueza e do lazer — aliados à conectividade oferecida pela TI — oferecerá a milhões de amadores com ensino superior e "cientistas cidadãos" em qualquer lugar do mundo mais escopo do que jamais na história para que sigam seus interesses. Além do mais, essas tendências permitirão que líderes pesquisadores façam trabalhos de ponta fora de um laboratório acadêmico ou governamental tradicional. Se houver pessoal o suficiente para optar por isso, a primazia das universidades de pesquisa acabará e a importância de "cientistas independentes" se elevará ao nível que já prevaleceu antes do século XX — e talvez melhore o florescimento de ideias genuinamente originais.

## 5.2 CIÊNCIA EM SOCIEDADE

Um dos principais temas desse livro é que nosso futuro depende de tomarmos decisões inteligentes a respeito de desafios sociais importantes: energia, saúde, alimentos, robótica, ambiente, espaço e afins. Essas escolhas envolvem ciência, mas decisões importantes não devem ser tomadas apenas por cientistas; elas importam a todos nós e devem ser o resultado de um debate público irrestrito. Para que isso aconteça, todos nós precisamos ter um "sentimento" acerca das ideias principais da ciência e entendimento matemático para avaliar ameaças, probabilidades e riscos, para não sermos ludibriados por especialistas ou acreditarmos em propagandas populistas.

Quem almeja uma democracia mais engajada cotidianamente lamenta sobre como o eleitor comum sabe tão pouco sobre assuntos relevantes. Mas a ignorância não é inerente à ciência. É igualmente triste quando cidadãos não conhecem a história de suas nações, não falam uma segunda língua e não sabem apontar a Coreia do Norte ou a Síria em um mapa — e muitos não sabem. (Em uma pesquisa, só um terço dos norte-americanos conseguiu apontar a Inglaterra!) Isso é uma acusação ao nosso sistema educacional e cultura em geral — eu não acho que cientistas tenham algum motivo especial para lamentar. Inclusive, fico grato e surpreso que tantas pessoas tenham interesse em dinossauros, nas luas de Saturno e no bóson de Higgs — todos absurdamente irrelevantes à nossa vida cotidiana —, mas todos esses tópicos aparecem frequentemente em mídias populares.

Além do mais, embora distantes de seu uso prático, essas ideias deveriam ser parte de nossa cultura comum. Mais do que isso, a ciência é a cultura que é realmente global: prótons, proteínas e Pitágoras são a mesma coisa da China ao Peru. A ciência deve transcender todas as barreiras de nacionalidade. O mesmo se aplica às questões de crença. É uma privação intelectual não compreender nosso ambiente natural e os princípios que governam a biosfera e o clima. E ficar cego perante a visão maravilhosa oferecida pelo darwinismo e pela cosmologia moderna — a cadeia de complexidade crescente que vai de um "big bang" a estrelas, planetas, biosferas e cérebros humanos — tornando o cosmo ciente de si mesmo. Essas "leis" ou padrões são grandes triunfos da ciência. Descobri-las exigiu talento dedicado — genialidade, até. E grandes invenções exigem talento equivalente, mas compreender as ideias principais não é tão difícil. A maioria de nós aprecia músicas mesmo sem conseguir compô-las, ou sequer executá-las. De mesmo modo, as principais ideias da ciência podem ser acessadas e apreciadas por quase todo mundo — se transmitidas usando linguagem não técnica e imagens simples. A parte técnica pode parecer intimidadora, mas pode ser deixada para os especialistas.

Avanços tecnológicos levaram a um mundo onde a maioria das pessoas desfruta de uma vida mais segura, longa e satisfatória do que a das gerações anteriores, e essas tendências positivas podem continuar. Por outro lado, a degradação ambiental, mudanças climáticas sem controle e situações indesejadas causadas por tecnologia avançada são efeitos colaterais desses avanços. Um mundo com uma população maior, com mais demanda de energia e recursos, e mais tecnológico, poderia causar contratempos sérios ou até mesmo catastróficos à nossa sociedade.

O público ainda está em negação a respeito de dois tipos de ameaças: danos que estamos causando coletivamente à biosfera e ameaças advindas da maior vulnerabilidade de nosso mundo interligado a erros ou terrorismo induzido por indivíduos ou pequenos grupos. Além do mais, uma novidade deste século é que uma catástrofe ecoará globalmente. Em seu livro *Colapso,*[6] Jared Diamond descreve como e por que cinco sociedades diferentes caíram ou sofreram catástrofes e faz prognósticos contrastantes sobre algumas sociedades modernas. Mas esses eventos não foram globais; por exemplo, a Peste Negra não chegou à Austrália. No entanto, em nosso mundo interconectado, não haveria escapatória das consequências de um colapso econômico, uma pandemia ou um colapso de suprimentos globais de alimentos. E há outras ameaças globais; como, por exemplo, incêndios severos depois de um embate nuclear poderiam criar um "inverno nuclear" duradouro — no pior dos casos, impedindo o cultivo de plantações convencionais por muitos anos (como também poderia acontecer depois do impacto de um asteroide ou a erupção de um supervulcão).

Nesse dilema, a inteligência coletiva seria crucial. Nenhuma pessoa em particular compreende plenamente o smartphone — uma síntese de diversas tecnologias. Na verdade, se fôssemos isolados depois de um "apocalipse", como visto em filmes de sobrevivência extrema, mesmo as tecnologias básicas da idade do ferro e agricultura estariam além do alcance de quase todos nós. É por isso que, incidentalmente, James Lovelock — o polímata que apresentou a hipótese de Gaia (a ecologia planetária autorregulatória) — insistira que "manuais de sobrevivência", contendo tecnologia básica, deveriam ser produzidos, amplamente distribuídos e armazenados com segurança. Esse desafio foi tratado, por exemplo, pelo astrônomo britânico Lewis Dartnell, em seu excelente livro *The Knowledge: How to Rebuild Our World from Scratch* [*O Conhecimento: Como Reconstruir Nosso Mundo do Zero,* em tradução livre].[7]

Mais esforços deveriam ser feitos para avaliar e então minimizar a probabilidade dos perigos globais. Vivemos sob suas sombras, e elas estão aumentando os riscos da humanidade. A ameaça emergente de dissidentes com poderio técnico está crescendo. Os problemas nos compelem a planejar internacionalmente (por exemplo, se uma pandemia tiver alcance global poderia determinar o quão rápido um avicultor vietnamita poderia relatar alguma doença estranha). E vários dos desafios — por exemplo, planejar como atender às demandas energéticas do mundo enquanto se evita mudanças climáticas perigosas, e garantir a segurança de fontes de alimentos para 9 bilhões de pessoas sem ameaçar um ambiente sustentável — envolvem períodos de muitas décadas que estão claramente distantes da "zona de conforto" da maioria dos políticos. Há um fracasso institucional para planejar no longo prazo e em nível global.

Não se pode negar que tecnologias futurísticas, se mal aplicadas, poderiam gerar danos, ou até mesmo catástrofes. É importante tomar vantagem dos melhores conhecimentos para avaliar quais riscos são plausíveis, e quais podem ser descartados como ficção científica, para focar em medidas preventivas contra os primeiros. Como isso pode ser feito? Não é viável controlar a taxa de avanço, e menos ainda encerrar desenvolvimentos potencialmente perigosos em definitivo, a menos que uma só organização tenha todas as cartas — e isso é completamente fora da realidade de um mundo globalizado com um misto de patrocínio filantrópico, comercial e governamental. Mas mesmo que regulações não estejam sequer próximas de serem 100% eficientes — e possam conceder pouco mais do que um "peteleco" — é importante que a comunidade científica faça tudo o que puder para promover "inovações responsáveis". Em particular, isso pode ser crucial para influenciar a ordem em que várias inovações serão viabilizadas. Por exemplo, se uma IA superpotente "se rebelasse", seria tarde demais para controlar outros desenvolvimentos; por outro lado, uma IA sob controle humano firme, mas altamente capacitada, poderia ajudar a reduzir o risco advindo da biotecnologia ou da nanotecnologia.

As nações talvez precisem ceder mais soberania a novas organizações globais similares à Agência Internacional de Energia Atômica, à Organização Mundial da Saúde e afins. Já existem órgãos internacionais que regulam viagens aéreas, a alocação de radiofrequências e etc. E há protocolos como o acordo de mudança climática pós-Paris. Mais órgãos como estes podem ser necessários para planejar geração de energia, garantir o compartilhamento de recursos hídricos e a exploração responsável de IA e tecnologia espacial. Fronteiras nacionais agora estão caindo, em especial por semimonopólios como Google e Facebook. As novas organizações precisam manter a responsabilidade dos governos, mas precisarão usar mídias sociais — assim como são hoje e serão nas décadas futuras — e envolver o público. Mídias sociais englobam grandes números em campanhas, mas a barreira de seu engajamento é tão baixa que a maioria carece do comprometimento de participantes em movimentos de massa do passado. Além do mais, a mídia facilita a organização de protestos, e também amplia todas as minorias dissidentes — acrescentando um desafio à governabilidade.

Mas o mundo será governável por estados-nações? Duas tendências estão reduzindo a confiança interpessoal: primeiro, o afastamento e a globalização daqueles com quem precisamos lidar rotineiramente; e, segundo, a vulnerabilidade crescente da vida moderna a perturbações — a descoberta de que "hackers" ou dissidentes podem causar incidentes em efeito dominó de escala global. Tais tendências necessitam de medidas de segurança sucessivas. Elas já são irritantes em nossa vida cotidiana — seguranças, senhas complexas, revistas em aeroportos, e afins —, mas provavelmente se tornarão ainda mais vexatórias. Inovações como *blockchain*, a rede distribuída publicamente que combina acesso livre e segurança, poderia oferecer protocolos que deixariam a internet inteira mais segura. Mas suas aplicações atuais — proporcionar o funcionamento de uma economia baseada em criptomoedas independentemente de instituições financeiras tradicionais — parece nocivo em vez de benigno. É simultaneamente salubre e deprimente compreender o quanto da economia é dedicado a atividades e produtos que seriam supérfluos se sentíssemos que podemos confiar uns nos outros.

Há poucos sinais de estreitamento dos abismos na renda e nível de bem-estar entre países. Mas, se eles persistirem, o risco de perturbações duradouras crescerá. Isso acontece porque os desfavorecidos estão cientes da injustiça de sua classe; viajar é mais fácil e, portanto, medidas mais agressivas se farão necessárias a fim de controlar pressões migratórias caso elas cresçam. Entretanto, além de transferências diretas de fundos de maneira tradicional, a internet e suas sucessoras devem facilitar o fornecimento de serviços em qualquer parte do mundo e a melhor disseminação de benefícios educacionais e de saúde. É de interesse do mundo dos ricos investir pesadamente em melhorar a qualidade de vida e oportunidades de emprego em países mais pobres — minimizando desavenças e "elevando" o mundo.

## 5.3 ESPERANÇAS E TEMORES COMPARTILHADOS

Todos os cientistas têm obrigações especiais acima e acerca de suas responsabilidades como cidadãos. Há obrigações éticas confrontando a própria pesquisa científica: evitar experimentos que têm até mesmo o menor risco de causar uma catástrofe e respeitar códigos de ética quando uma pesquisa envolver animais ou seres humanos. Mas questões menos tratáveis surgem quando suas pesquisas têm ramificações externas aos laboratórios e um potencial impacto social, econômico e ético que preocuparia todos os cidadãos — ou quando ela revela uma ameaça séria, mas ainda pouco analisada. Você seria um pai ruim se não se importasse com o que acontecerá com seus filhos em suas vidas adultas, mesmo que possa ter pouco controle sobre eles. De mesmo modo, cientistas não podem mostrar indiferença aos frutos de suas ideias — suas criações. Eles devem tentar apoiar subprodutos benéficos — comerciais ou não. Devem resistir o quanto puderem a aplicações duvidosas ou ameaçadoras de seus trabalhos e alertar políticos quando apropriado. Se suas descobertas trouxerem sensibilidade ética — como acontece frequentemente — eles devem se engajar com o público, cientes de que não têm credenciais distintas fora de suas especialidades.

Pode-se destacar alguns exemplares do passado: como os cientistas atômicos que desenvolveram a primeira arma nuclear durante a Segunda Guerra Mundial. O destino lhes concedeu um papel-chave na história. Muitos deles — indivíduos como Joseph Rotblat, Hans Bethe, Rudolf

Peierls e John Simpson (os quais tive o privilégio de conhecer na velhice) — retornaram com alívio às suas buscas acadêmicas em tempos de paz. Mas para eles a torre de marfim não era um santuário. Eles continuaram não apenas como acadêmicos, mas como cidadãos engajados — promovendo esforços para controlar o poder que ajudou a libertar, por meio de academias nacionais, o movimento Pugwash e outros fóruns públicos. Eles foram os alquimistas de seu tempo, possuidores de conhecimento especializado secreto.

As tecnologias que discuti em capítulos anteriores têm implicações tão momentâneas quanto as armas nucelares. Mas, diferente dos "cientistas atômicos", aqueles engajados com os novos desafios que englobam quase todas as ciências, são internacionais — e trabalham no setor comercial assim como no acadêmico e governamental. Suas descobertas e preocupações precisam informar planejamento e políticas. Qual a melhor forma de fazer isso?

Vínculos diretos feitos com políticos e oficiais seniores podem ajudar — e contato com ONGs e o setor privado também. Mas especialistas que serviram como conselheiros governamentais normalmente têm influência lamentavelmente pequena. Por outro lado, políticos são influenciados por clamores públicos e pela imprensa. Cientistas ocasionalmente conseguem mais realizações como "intrusos" e ativistas, impulsionando suas mensagens por meio de livros lidos ostensivamente, grupos de campanha, blogs e jornalismo, ou — embora a partir de várias perspectivas — através de atividade política. Se as vozes deles ecoarem e forem amplificadas por um grande público e pela mídia, causas globais de longo prazo surgirão na agenda política.

Rachel Carson e Carl Sagan, por exemplo, eram ambos exemplos proeminentes de cientistas preocupados de suas gerações — e tinham enorme influência por meio de seus escritos e discursos. E isso antes da era das mídias sociais e tweets. Se Sagan estivesse vivo hoje, ele teria sido um líder de "marchas para a ciência" — eletrizando multidões por meio de sua paixão e eloquência.

Uma obrigação especial está nas mãos dos acadêmicos e de empreendedores autônomos; eles têm mais liberdade para se envolver em debates públicos do que empregados do setor público ou da indústria. Acadêmicos, além disso, têm a oportunidade especial de influenciar estudantes. Pesquisas apontam, sem surpresas, que jovens, que esperam viver a maior parte deste século, estão mais engajados e ansiosos a respeito de questões globais e de longo prazo. Por exemplo, o envolvimento dos estudantes em campanhas de "altruísmo eficaz" está florescendo. O livro de William MacAskill, *Doing Good Better*

[*Fazer Melhor o Bem,* em tradução livre][8] é um manifesto convincente. Ele nos lembra de que melhoras urgentes e significativas nas vidas das pessoas podem ser alcançadas com a redistribuição adequada dos recursos existentes rumo ao desenvolvimento de nações desamparadas. Fundações abastadas têm mais força (a fundação arquetípica aqui seria a Fundação Bill e Melinda Gates, que tem um impacto imenso, especialmente na saúde infantil) —, mas mesmo elas não conseguem fazer jus ao impacto que governos nacionais poderiam ter se houvesse pressão de seus cidadãos.

Já destaquei o papel das religiões do mundo — comunidades transnacionais que pensam em longo prazo e se preocupam com a comunidade global, especialmente com os pobres do mundo. Uma iniciativa de uma organização secularista, a fundação *Long Now,* situada na Califórnia, criará um símbolo que contrasta dramaticamente com nosso persistente pensamento de curto prazo. Será construído um relógio enorme no fundo de uma caverna no subsolo do estado de Nevada; projetado para funcionar (bem lentamente) durante 10 mil anos, programado para badalar com um som diferente por dia durante esse tempo. Quem visitá-lo neste século contemplará um monumento construído para durar mais do que catedrais cuja inspiração é a esperança de que daqui a

100 séculos ele ainda esteja funcionando — e que nossos descendentes ainda o visitarão.

Embora vivamos sob a sombra de perigos potencialmente catastróficos e desconhecidos, parece não haver impedimento *científico* para alcançar um mundo seguro e sustentável, no qual todos desfrutem de um estilo de vida melhor do que quem vive no "ocidente" hoje. Podemos ser otimistas quanto à tecnologia, embora o equilíbrio de esforços na tecnologia precise de redirecionamento. Riscos podem ser minimizados com uma cultura de "inovação responsável", especialmente em áreas como biotecnologia, IA avançada e geoengenharia, e também alterando a prioridade dos impulsos dos esforços tecnológicos do mundo. Devemos continuar otimistas a respeito de ciência e tecnologia — não devemos frear o progresso. A aplicação doutrinária do "princípio de precaução" tem um lado negativo manifestado. Lidar com ameaças globais exige mais tecnologia —, mas guiada por ciências sociais e ética.

A geopolítica e a sociologia intratáveis — o abismo entre potencialidades e o que pode de fato acontecer — geram pessimismo. Os cenários que descrevi — degradação ambiental, mudanças climáticas descontroladas e consequências indesejadas de tecnologia avançada — podem causar contratempos sérios ou até catastróficos à sociedade. Mas eles precisam ser solucionados internacionalmente. E há o fracasso institucional para planejar em longo prazo e globalmente. Políticos dão atenção a seus eleitores — e à próxima eleição. Acionistas esperam retorno no curto prazo. Nós menosprezamos o que se passa mesmo agora em países distantes. E desprezamos muito os problemas que deixaremos para as novas gerações. Sem uma perspectiva mais ampla — sem perceber que estamos todos juntos nesse mundo abarrotado — os governos não darão prioridade adequada a projetos de longo prazo em perspectiva política, mesmo que representem só um mero instante na história do planeta.

A "Espaçonave Terra" está navegando a toda velocidade pelo vazio. Seus passageiros estão ansiosos e tensos. Seu sistema de suporte vital é vulnerável a perturbações e panes. Mas há muito pouco planejamento, pouca exploração de horizontes, pouca ciência dos riscos de longo prazo. Seria vergonhoso deixarmos um mundo nocivo e esgotado para as futuras gerações.

Comecei esse livro citando H. G. Wells. E o encerro lembrando as palavras de um sábio cientista da segunda metade do século passado, Peter Medawar: "Os sinos que dobram para a humanidade são — ao menos a maioria — como os sinos do gado dos Alpes; estão atados a nossos pescoços, e é culpa nossa que não produzam um som harmonioso e alegre".[9]

Agora é a hora para se ter uma visão otimista do destino da vida — neste mundo e talvez muito além dele. Precisamos pensar globalmente, precisamos agir racionalmente, precisamos pensar em longo prazo — empoderados pela tecnologia do século XXI, mas guiados por valores que apenas a ciência não pode fornecer.

# NOTAS

## CAPÍTULO 1: IMERSOS NO ANTROPOCENO

1. The Earl of Birkenhead, *The World in 2030 AD.*
2. Martin Rees, *Hora Final.*
3. Palestra de H. G. Wells, *The Discovery of the Future*, ministrada no Instituto Real, Londres, em 24 de janeiro de 1902, e futuramente publicada como um livro homônimo.
4. *Resilient Military Systems and the Advanced Cyber Threat*, Relatório do Conselho de Ciências de Defesa, janeiro de 2013. Preocupações semelhantes foram reiteradas pelo General Petraeus e outros figurões dos EUA.
5. A revisão de 2017 das "Perspectivas da População Mundial" tem como melhor projeção o número de 9.7 bilhões para a população em 2050. Outra autoridade no assunto é o *Population Project of the International Institute for Applied Systems Analysis* — IIASA, que tem números ligeiramente menores em suas estimativas.
6. Há diversos relatórios sobre suprimentos de água e alimentos do mundo, por exemplo, o relatório de 2013 *Modelling Earth's Future*, elaborado em conjunto entre a Sociedade Real e a Academia Nacional de Ciências.
7. *Our Common Future*, Relatório da Comissão de Ambiente e Desenvolvimento da ONU, 1987.

8. A observação de Juncker foi citada no *The Economist*, em 15 de março de 2007.

9. O Conceito de "Limites Planetários" foi cunhado em um relatório de 2009 do *Stockholm Resilience Centre.*

10. Citação de E. O. Wilson em *A Criação: Como Salvar a Vida na Terra.*

11. A conferência, de 2 a 6 de maio de 2014, foi intitulada *Sustainable Humanity, Sustainable Nature: Our Responsibility* e foi copatrocinada pela *Pontifical Academy of Sciences* e pela *Pontifical Academy of Social Sciences.*

12. Citação de Alfred Russel Wallace em *Viagem ao Arquipélago Malaio.*

13. *O Ambientalista Cético* foi publicado originalmente pela Cambridge University Press em 2001. O Consenso de Copenhague, fundado em 2002, é organizado pelo Instituto de Avaliação Ambiental de Copenhague.

14. Dentre os cientistas envolvidos nesse projeto, estão C. Kennel, da Universidade da Califórnia, San Diego, em La Jolla, e Emily Shuckburgh e Stephen Briggs do Reino Unido.

15. *The Stern Review Report on the Economics of Climate Change*, HM Treasury, UK, 2006.

16. G. Wagner e M. Woltzman, *Climate Shock: The Economic Consequences of a Hotter Planet* (Princeton, NJ: Princeton University Press, 2015).

17. W. Mischel, Y. Shoda, e M. L. Rodriguez, Delay of Gratification in Children, *Science* 244 (1989): 933–38.

18. Cuba's 100-Year Plan for Climate Change, *Science* 359 (2018): 144–45.

19. No Reino Unido, o caso da economia circular ganhou atenção graças à defesa de uma figura de grande renome, a marinheira de todos os mares, Ellen MacArthur.

20. Oliver Morton fez uma excelente pesquisa de geoengenharia: *The Planet Remade: How Geoengineering Could Change the World* (Princeton: NJ: Princeton University Press, 2016).

## CAPÍTULO 2. O FUTURO DA HUMANIDADE NA TERRA

1. Os arquivos de Robert Boyle, e esse documento em particular, foram discutidos por Felicity Henderson em um relatório de 2010 da Sociedade Real.

2. Essa lista pode ser vista online [em inglês] https://www.telegraph.co.uk/news/uknews/7798201/Robert-Boyles-Wish-list.html.

3. Há dois livros extremamente acessíveis sobre essas produções: *A Crack in Creation,* de Jennifer A. Doudna e Samuel S. Sternberg (Boston: Houghton Mifflin Harcourt, 2017) (Jennifer Doudna é uma das inventoras do CRISPR/Cas9); e *O Gene: Uma História Íntima.*

4. O artigo de D. Evans e R. Noyce da Universidade de Alberta, está na *PLOS One* e é discutido na *Science News* de 19 de janeiro de 2018. Ryan S. Noyce, Seth Lederman, e David H. Evans, Construction of an Infectious Horsepox Virus Vaccine from Chemically Synthesized DNA Fragments, *PLOS One* (19 de janeiro de 2018): https://doi.org/10.1371/journal.pone.0188453.

5. *Inheritors of the Earth* (London: Allen Lane, 2017).

6. Steven Pinker, *Os Anjos Bons da Nossa Natureza: Por que a Violência Diminuiu.*

7. Freeman Dyson, *Dreams of Earth and Sky* (Nova York: Penguin Random House, 2015).

8. Há um panorama dessa produção na obra de Murray Shanahan, *The Technological Singularity* (Cambridge, MA: MIT Press, 2015); e na obra de Margaret Boden, *AI: Its Nature and Future* (Oxford: Oxford University Press, 2016). Uma "tomada" mais especulativa é proposta por Max Tegmark, em *Life 3.0: Being Human in the Age of Artificial Intelligence.*

9. David Silver et al., Mastering the Game of Go without Human Knowledge, *Nature* 550 (2017): 354–59.

10. https://en.wikipedia.org/wiki/Reported_Road_Casualties_Great_Britain.

11. A carta foi organizada pelo Future of Life Institute, situado no MIT.

12. Stuart Russell foi mencionado pelo *Financial Times*, em 6 de janeiro de 2018.

13. Ver Ray Kurzweil, *A Singularidade Está Próxima Quando os Humanos Transcendem a Biologia.*

14. P. Hut e M. Rees, How Stable Is Our Vacuum?, *Nature* 302 (1983): 508–9.

15. Os argumentos de Derek Parfit são apresentados na parte 4 de sua obra *Reasons and Persons* (Nova York: Oxford University Press, 1984).

16. Há boas pesquisas sobre esses riscos extremos na obra de Nick Bostrom e Milan Ćirković, *Global Catastrophic Risks* (Oxford: Oxford University Press, 2011); e na obra de Phil Torres, *Morality, Foresight, and Human Flourishing: An Introduction to Existential Risks* (Durham, NC: Pitchstone, 2017).

## CAPÍTULO 3. A HUMANIDADE SOB UMA PERSPECTIVA CÓSMICA

1. Citação da obra de Carl Sagan, *Pálido Ponto Azul: Uma Visão do Futuro da Humanidade no Espaço.*

2. Alfred Russel Wallace, *Man's Place in the Universe* (Londres: Chapman and Hall, 1902) — esse livro pode ser baixado gratuitamente pelo projeto Gutenberg.

3. Michel Mayor e Didier Queloz, A Jupiter-Mass Companion to a Solar-Type Star, *Nature* 378 (1995): 355–59.

4. As melhores informações sobre os resultados obtidos pela nave *Kepler* estão no site da NASA: https://www.nasa.gov/mission_pages/kepler/main/index.html.

5. Michaël Gillon et al., Seven Temperate Terrestrial Planets Around the Nearby Ultracool Dwarf Star TRAPPIST-1, *Nature* 542 (2017): 456–60.

6. A aceleração por lasers foi discutida pelo engenheiro visionário Robert Forward na década de 1970. Mais recentemente, há estudos detalhados feitos por P. Lubin, J. Benford, e outros. E o Projeto Starshot, apoiado pela Breakthrough Foundation, de Yuri Milner, estuda profundamente se uma sonda de tamanho milimétrico poderia ser acelerada a 20% da velocidade da luz, de modo que alcançaria as estrelas mais próximas em cerca de 20 anos.

7. Boas obras introdutórias no assunto: Jim Al-Khalili, org., *Aliens: The World's Leading Scientists on the Search for Extraterrestrial Life* (Nova York: Picador, 2017); e Nick Lane, *The Vital Question: Why Is Life the Way It Is?* (Nova York: W. W. Norton, 2015).

8. Há muitos livros sobre os pulsares, mas Geoff McNamara fez um bom panorama em *Clocks in the Sky: The Story of Pulsars* (Nova York: Springer, 2008).

9. Rajadas rápidas de rádio são muito estudadas e as ideias a seu respeito mudam frequentemente. A melhor referência é a Wikipedia, https://en.wikipedia.org/wiki/Fast_radio_burst.

## CAPÍTULO 4. OS LIMITES E O FUTURO DA CIÊNCIA

1. Há uma biografia de Conway por Siobhan Roberts, *Genius at Play: The Curious Mind of John Horton Conway* (Nova York: Bloomsbury, 2015).

2. Esse ensaio pertence à obra de Eugene Wigner, *Symmetries and Reflections: Scientific Essays of Eugene P. Wigner* (Bloomington: Indiana University Press, 1967).

3. A citação é de um artigo clássico de 1931 de Paul Dirac intitulado Quantised Singularities in the Electromagnetic Field, *Proceedings of the Royal Society A*, 133 (1931): 60.

4. Há um excelente relato dessa descoberta e seu contexto, escrito por Govert Schilling em *Ripples in Spacetime* (Cambridge, MA: Belknap Press of Harvard University Press, 2017).

5. Freeman Dyson, Time without End: Physics and Biology in an Open Universe, *Reviews of Modern Physics* 51 (1979): 447–60.

6. Martin Rees, *Before the Beginning: Our Universe and Others* (Nova York, Basic Books, 1997).
7. David Deutsch, *The Beginning of Infinity: Explanations That Transform the World* (Nova York: Viking, 2011).
8. Darwin em uma carta a Asa Gray, escrita em 22 de maio de 1860. Darwin Correspondence Project, Cambridge University Library.
9. William Paley, *Evidences of Christianity* (1802).
10. Partes dessa seção foram publicadas primeiro na obra de Martin J. Rees, *Cosmology and the Mulitverse*, em *Universe or Multiverse* (Cambridge: Cambridge University Press, 2007).
11. John Polkinghorne, *Science and Theology* (Londres: SPCK/Fortress Press, 1995).

## CAPÍTULO 5. CONCLUSÕES

1. E. O. Wilson, *Cartas a um Jovem Cientista.*
2. O principal trabalho de Karl Popper sobre o método científico é *The Logic of Scientific Discovery* (Londres: Routledge, 1959) — uma tradução para o inglês da versão original em alemão, publicada em 1934. Enquanto interventor, Popper melhorou sua reputação graças a sua contribuição profundamente impressionante à teoria política: *A Sociedade Aberta e Seus Inimigos.*
3. P. Medawar, *The Hope of Progress* (Garden City, NY: Anchor Press, 1973), 69.
4. T. S. Kuhn, *A Estrutura das Revoluções Científicas.*
5. O palatável livro *The Meaning of Science*, de Tim Lewens (Nova York: Basic Books, 2016), apresenta uma crítica clara aos pontos de vista de Popper, Kuhn e outros.
6. Jared Diamond, *Colapso: Como Sociedades Escolhem o Fracasso ou o Sucesso* (Record, 2005).

7. Lewis Dartnell, *The Knowledge: How to Rebuild Our World from Scratch* (Nova York: Penguin, 2015). Livros como esse são educativos. É lamentável que tantos de nós sejamos ignorantes a respeito de tecnologias básicas das quais dependemos.

8. William MacAskill, *Doing Good Better: Effective Altruism and How You Can Make a Difference* (Nova York: Random House, 2016).

9. *The Future of Man* (1959).

# ÍNDICE

Este livro foi impresso nas oficinas gráficas da Editora Vozes Ltda.,
Rua Frei Luís, 100 – Petrópolis, RJ.